상위 1%
글로벌 직장인으로
우뚝 서기

상위 1% 글로벌 직장인으로 우뚝 서기

초 판 1쇄 2023년 06월 20일

지은이 박윤지
펴낸이 류종렬

펴낸곳 미다스북스
본부장 임종익
편집장 이다경
책임진행 김가영, 신은서, 박유진, 윤가희, 정보미

등록 2001년 3월 21일 제2001-000040호
주소 서울시 마포구 양화로 133 서교타워 711호
전화 02) 322-7802~3
팩스 02) 6007-1845
블로그 http://blog.naver.com/midasbooks
전자주소 midasbooks@hanmail.net
페이스북 https://www.facebook.com/midasbooks425
인스타그램 https://www.instagram/midasbooks

©박윤지, 미다스북스 2023, *Printed in Korea*.

ISBN 979-11-6910-260-5 03190

값 17,500원

미다스북스는 다음세대에게 필요한 지혜와 교양을 생각합니다.

TOP

1

%

상위 1%

글로벌
직장인으로
우뚝 서기

박윤지(Jane Park) 지음

미다스북스

어느 눈부시게 맑은 아침에 나는 나의 30년 가까운 커리어를 뒤돌아보았다. 27년이란 긴 시간의 글로벌 대기업 커리어에서 무엇이 남았는지 생각해보았다. 누구나 같은 일을 10년 이상 하면 전문가라고 이야기한다. 그럼 나는 남들이 가지고 있지 않은 그 무엇의 전문가인가를 생각해보았다.

생각해보니 많은 일들이 있었다. 2001년 한국에서 아디다스 오리지날스 브랜드를 맡은 후, 트랙 탑과 트랙 팬츠로 과거에 볼 수 없었던 새로운 패션 트렌드를 만드는 데 성공했다. 2002년 월드컵 때는 아디다스 주관으로 이루어진 많은 월드컵 행사에서 통역도 했다. 그 중 가장 기억에 남는 것은 현 축구 국가대표팀 감독인 클린스만 감독을 위해 통역을 한 것이다. 또한 브랜드 매출 2등을 1등으로 만드는 것도 흔한 경험은 아니었다. 그에 따른 포상으로 2015년 6월에 유럽피언 챔피언스 리그와 2010년 남아공 월드컵을 직접 관람하는 기회를 가지기도 했다. 일반 사원에서 시작해서 사장까지 승진도 해보고, 독일 글로벌 본사에서 2년 반 근무도 해봤다. 회사 덕분에 다양한 나라에 출장을 다니면서 여권에 그 나라 입국 스탬프도 받아보았고, 다양한 나라 사람들도 만나는 등 좋은 추억들이 많았다. 그 중 가장 좋은 것은 이 책을 쓸 수 있게 도와준 옛 직장 동료들이 있는 것이다.

반면 나쁜 것은 무엇이 있었는지도 생각해 보았다. 비즈니스적으로 힘들었던 시기도 여러 번 있었고, 사람들과의 관계에서 오는 스트레스도 있었다. 하지만 왠지 부정적인 기억보단 긍정적인 기억들이 훨씬 많고 감사했다.

이런 많은 추억 속에서 나 자신만이 가지고 있는 특징이 무엇일까 깊게 고민해보았다. 비즈니스 스킬이야 너무나도 주관적인 이야기인 것 같다. 왜냐면 회사마다 놓인 상황도 다르고 함께 일하는 구성원들과 회사의 인프라도 다르기 때문에 연구할 만한 사례는 될 수 있지만 정답이 없는 예술 같다고 느껴진다. 리더십 역시 그 당시 비즈니스 상황이 리더십을 만들어 주는 것 같다. 가파른 성장을 하는 회사의 경우, 회사가 자금적인 여유가 있기 때문에 리더십 교육에 많은 투자를 한다. 임원들 역시 성격에 큰 하자가 없는 한, 좋은 리더로 포장되어 보일 수 있다. 하지만 비즈니스가 최악의 상황에서 벗어나지 못하고 지속적으로 역성장을 하는 경우에는 같은 사람이라 해도 행하는 리더십이 다르다. 옛말에 사람을 최악의 상황으로 몰아넣으면 그 사람의 진면모를 볼 수 있다는 말이 있는데 나도 그 말에 동의한다.

나의 영어를 많은 사람들이 나의 장점으로 꼽는다. 하지만 난 어린 시절부터 비즈니스 환경에서 영어만 잘하는 사람으로 보이고 싶지 않았다. 내가 정말 비즈니스 영어만 잘하는 사람이었다면 27년 동안 성공적으로 커리어를 쌓기 어려웠을 것이고 승진과 독일 본사의 기회도 오지 않았을 것이다. 간혹, 정말 비즈니스 영어만 잘하는 사람들이 글로벌 기업에 있기도 하다. 그래서 이렇게 애매한 비즈니스 영어와 리더십을 제외하고 진정으로 많은 사람들 속에서 우뚝 솟아나와 보일 수 있게 해준 그런 특징이 무엇인지 고민해봤다.

오로지 나만이 가지고 있는 차별점이 무엇일까? 나의 진정한 차별점은 한국과 서양 문화 중간 어디쯤에 서 있다는 것이다. 즉, 사람들에게 양쪽 문화 간의 차이를 이해시키고 잘 설명해 줄 수 있다는 점이다. 나의 개인주의, 업무 지향적인 태도, 직설적인 어법은 서양 문화에서 성장하면서 형성되었고 예의를 중요시하고 무례함을 싫어하는 성향은 한국 문화에 가깝다.

　난 인생의 1/3은 한국에서 또 다른 1/3은 미국에서 나머지 1/3은 유럽인들과 보냈다. 80년대 후반부터 대한민국의 해외여행이 자율화되면서 일부 80년대와 90년대에 태어난 세대들은 조기 유학을 시작했다. 덕분에 80, 90년대생들부터는 한국말과 영어를 동시에 잘하는 사람들이 많아졌다. 하지만 70년대 이전에 태어난 세대들은 조기 유학보다는 아예 이민을 간 세대들이다. 나 역시 86년도에 온 가족이 미국으로 이민을 떠났다. 미국에서 8학년(중2)을 시작으로 중학교, 고등학교, 대학교를 졸업하고 직장생활도 했었다. 중간에 연세대학교 경영학과에 교환 학생으로 나와서 대학민국의 대학 시절도 1년간 즐겨보았다. 그때의 경험은 신세계였다. 미국 대학생활도 재미있었지만 공부도 노는 만큼 해야 졸업을 할 수 있는 반면 한국에서 대학교 생활은 나에게는 정반대였던 것 같다. 그 당시 나는 미국 친구들과 노는 것과는 비교도 안 되게 또 다른 재미있는 생활을 했다. 무엇인지 정확하게 콕 집어서 이야기하기 힘든 동질감도 느꼈다. 아마도 그게 한국 사람들과의 공동체였던 것 같다. 그 후 집안 사정으로 다시 한국에 들어와야 했고 한국에서 직장생활을 시작했다.

　이 책을 쓰는 가장 큰 이유는 대학교 4학년 졸업반 때 들은 경영학과 수업 때문이다. 수업시간 중 Dr. O'Sullivan이라는 교수님의 수업이 아직도 또렷하게 기억에 남아 있다. 그분이 마지막 수업시간에 우리에게 왜 경영학과를 선택해서 공부하느냐고 물었다. 나를 비롯한 많은 학생들이 돈을 많이 벌기 위해서라는 매우 세속적인 대답을 했다. Dr. O'sullivan 교수님은 왜 돈을 많이 벌고 싶냐고 다시 물었다. 솔직히 아무도 이 질문에 답변하지 못했다. 다들 어리둥절해하면서 한 번도 생각해보지 못한 질문에 당황했다. 그분께서 한참 동안 답을 기다리시다가 한마디 하셨다. "To give back to the society."(사회에 공헌하기 위해서)라고. 우리는 모두 사회에 공헌해야 하는 의무가 있고 여러분들이 언젠가는 그렇게 해주길 바란다는 마지막 메시지로 수업이 끝났다. 이 말은 나에게 신선한 충격이었다. 그 누구도 나에게 이런 질문을 한 사람이 없었다. 그저 밥 먹고 살려면 대학을 나와야 한다는 생각밖에 없었다. 난 아직도 그 이야기가 머리와 가슴속 깊이 생생하게 남아 있다.

나는 지난 27년 동안 어떻게 사회에 공헌할 수 있을지에 대한 고민을 끊임없이 해왔다. 난 대단한 재력가도 아니고 유명 인사도 아니다. 돈이 많으면 자선단체라도 설립하겠고 영화배우처럼 유명하면 내 유명세를 앞세워 세계가 안고 있는 문제를 해결해 보려고 노력도 해보겠으나 난 그저 직장인일 뿐이다.

내가 할 수 있는 사회적 공헌은 나의 문화적 밸런스를 젊은 직장인들과 공유하여 외국인들과 함께 일하는 젊은 세대들이 상위 1%로 우뚝 설 수 있고 성공할 수 있게 나의 경험담을 공유해주는 일인것 같다. 독자들이 이 책을 읽은 후, 동양과 서양의 문화적 차이에서 오는 오해를 이해함으로써 험난한 직장생활에 도움이 될 수 있다면 나에겐 매우 영광스러울 것이다.

이 책을 쓸 수 있게 도와준 많은 옛 직장 동료들이 있다. 바쁜 와중에도 적극적으로 그들의 성공 사례들을 공유해주기 위해 시간을 내어 나를 만나주었다. 한국 동료들도 있었고 외국인 동료들도 있었다. 한국인들은 직접 이름이 나오는 것을 부끄러워하니 그냥 그들에게는 깊은 감사의 마음을 보낸다. 외국인 동료로서는 Kay와 Marcus에게 감사한다. 그들은 한국에서 지내는 동안 한국 문화를 잘 이해해 글로벌 기업에서 성공적인 임원으로 커리어를 쌓아가고 있다.

더불어 언제나 끊임없는 응원과 관심을 보내주는 내 모든 가족들에게도 감사한 마음을 보낸다. 내가 힘들 때 포기하지 말라는 조언을 해주신 아버지 같은 Uncle Tai에게도 감사함을 보낸다. 특별히 지금은 고인이 되셨지만 어린 시절 나에게 무언 속에서 끈기와 사랑을 보여주시고 인생의 신념을 가르쳐주신 나의 아버지에게 이 책을 바친다.

중간급 간부들 리더십 교육

중간급 간부들 리더십 교육

아디다스 브랜드 데이 행사

아디다스 창시자 동상

최고 매출 부서 상 수상

2016
ONE TEAM
AWARD

Outstanding Contribution
Excellence in Performance
Multi Brand

adidas

Reebok

ROCKPORT

독일 본사 근무 당시

아디다스 그룹 CSO와 함께

2015 adidas Group Year End Celebratic

아디다스 연말 파티 총괄 감독

챔피언스 리그 때 고객들과 함께
아디다스 본사 방문

상하이에서 한국 전략 발표

상하이에서 회의 참석

사장님 이취임식 사회 진행

현 축구 국가대표 클린스만 감독 통역

나이키 시절 제품 교육 중

2003년
그리스 로도스 섬 출장

2002 Suwon-adidas 4v4 World Cham

2002 Suwon-adidas 4v4 World Championship

adidas
GROUP

YUNJI
PARK
00540581
Herzogenaurach

독일 본사 사원증

목차

1부

글로벌 직장인, 문화를 모르면 성공도 없다

나는 대학 시절 교환 학생으로 연세대학교에서 1년을 보낸 적이 있다. 그 당시 한국 경영학과에서 가장 뜨겁게 다루고 있었던 이슈는 "Globalization" 즉, "세계화"였다. 너무 오랜 세월이 흘러 자세한 수업내용은 기억나지 않는다. 하지만 수업의 주요 내용은 왜 세계화가 중요한지, 그리고 한국이 빨리 세계화가 되어야 한다는 내용의 수업으로 기억한다. 자, 그럼 30년이 흐른 현 시점의 우리는 얼마나 글로벌화 되어 있나 살펴보자.

①

우리의 글로벌화 현 주소는?

90년대부터 오늘날까지 지난 30년 동안 세상은 천지개벽을 했다. 이메일과 핸드폰은 생활필수품이 되었고 해외 출장은 매년 분기마다 주기적으로 가야 하는 필수 업무 중 하나가 되었다. 그렇기 때문에 외국인들과 비즈니스를 하는 것이 더 이상 특별한 일은 아니다. 특히 글로벌 기업에 다니는 직장인들이라면 세상 변화의 흐름에 맞춰 문화적 이해가 이메일과 핸드폰을 조작하는 것처럼 자유로운지 생각해볼 필요가 있다. 상대방의 특정한 문화적 규범을 인지하는 것은 존경을 의미하며 그들과의 지속적인 관계를 발전시키기 위해 우리는 많은 시간을 투자해 배워야 한다

(Tuleja, 2022).

우리는 아직도 유럽인들이 인사할 때 건네는 'Air kissing'(La bise)이 어색하다. 더욱 헷갈리는 것은 어느 유럽 나라는 뺨에 두 번을 키스하고 어느 나라는 세 번을 한다. 하지만 이런 인사 방식은 한국을 포함한 여러 아시아 문화권에서는 아직도 매우 어색하다. 대부분 유럽 남성 직원들이 아시아권 여성들에게 이런 유럽식 인사를 건네면 많은 아시아권 여성들은 얼굴이 빨개진다. 한번은 이런 인사를 받은 한국인 여직원이 오해를 해서 그 유럽 남성 직원을 의도적으로 피하는 경우도 봤다. 쉬운 것 같지만 인사로 건네는 악수, 절 또는 볼 키스 등 그 행동에 담겨 있는 상징성을 아는 것도 매우 중요하다. 그것은 좋은 예절일 뿐만 아니라 비즈니스 차원에서도 매우 현명한 것이다(Tuleja, 2022). 지난 30-40년 동안 이루어진 과학 기술의 발전만큼 나라 간의 문화적인 이해는 과학 기술의 발전을 따라가지는 못하고 있지 않나 하는 생각을 한다.

21세기 치열한 비즈니스 환경에서 성공적인 비즈니스를 오랫동안 유지하려면 여러 가지 능력이 필요하다. 학자들은 개인의 지적 능력, 사회적 능력, 비즈니스적 능력 그리고 문화적 능력이 필요하다고 한다. 많은 사람들은 3가지 능력(지적, 사회적, 비즈니스적)에 대해서는 대부분 잘 알고 지속적으로 공부도 한다. 하지만 이 중 제일 어렵고 감성적인 것이 문화적 능력인 것 같다. 문화란 역사, 철학, 교육, 지형과 심지어 날씨 등 많은 것들이 복합적으로 섞여서 이루어져 있다. 또한 사람을 상대할 때는 개인의 성격이나 성향까지 영향을 주기 때문에 정확하게 선을 그어 문화를 이야기하기가 어렵다. 우리의 목적은 문화적 판단이 아니라 문화적 성찰을 가능하게 하는 문화적 감수성 모델을 이해하기 위해 노력하는 것이다(Tuleja, 2022).

내가 독일에 살 때 아이를 데리고 프랑크푸르트로 기차여행을 간 적이 있다. 대부분 주위 사람들이 아이가 어리니 기차 예약석을 사면 서서 가지 않고 편하게 갈 수 있다고 해서 그 조언을 따랐다. 아이를 데리고 기차를 타고 보니 내 자리에 어떤 독일 아저씨가 앉아 있었다. 그는 멀리서 걸어오는 나를 보고 우리 자리에 앉아서 자는 척을 하고 있었다. 예의 바른 한국인인 우리는 깨울 수가 없어서 잠시 기다리고 있었는데 마침 그는 내가 갔나 보려고 잠깐 눈을 떴다. 그때 나는 그에게 내 자리라고 표를 보여주니 알아듣지도 못하는 독일어로 화를 내고 그대로 앉아서 다시 자는 척을 했다. 옆에 있던 아줌마까지 괜히 남의 일에 훈수를 두었다. 나와 아이는 말이 통하지 않는 상황에서 매우 당황스러워서 서로 얼굴만 쳐다보고 있었다. 그때 마침 역무원이 지나가길래 나는 내 표를 보여주며 도와달라고 했다. 다행히 역무원 이 그 무례한 독일 아저씨를 흔들어 깨워서 내쫓아주고 내 자리를 찾아주면서 윙크해 주었다. 만일 역무원이 지나가지 않았고 내가 며칠 독일을 여행하는 사람이었으면 독일인들은 사납다는 인상을 가지고 한국으로 돌아왔을 수도 있다. 외국인들도 마찬가지이다. 한국에 파견 나온 유럽인이나 미국인 동료들이 한국인 직원들의 결혼식에 처음 참석해 볼 때 가장 큰 문화적 충격을 받는다. 한국은 외국과 달리 청첩장을 최대한 많은 사람들에게 보낸다. 하객들은 결혼식에 대부분 축의금을 내고 식권을 받은 후, 음식을 먹거나 술을 마시기 시작한다. 결혼식은 대부분 길어야 한 시간 안에 모두 끝난다. 서양의 결혼식은 거의 반나절 정도 하객들과 함께 즐기는 행사다. 또한, 직장 동료는 아주 친하지 않은 이상 초대하지 않는다. 그냥 축의금만 내고 오는 경우도 없다. 참석자들은 모두 앉아서 결혼식도 보고 축하 파티도 함께 즐긴다. 한국의 "빨리빨리" 결혼식 문화에 외국인들은 적지 않은 충격을 받는다. 한 나라의 문화를 이해하는 것은 오랜 시간을 그 나라에서 생활하는 것만으로 안다고 하기 어렵다. 왜냐면 만나는 사람들 개개인의 성격과 성향 차이 때문에 단정 짓기가 쉽지 않다. 또한 그 나라에 아무리 오래 살았어도 내가 그 문화의 차이를 이해하려는 노력을 하지 않으면 안 된다. 단순히 외국어가 유창해서 사람들과 사려 깊게 존경하는 마음으로 상호 작용하는 데 능통하다고 할 수 없다(Bennett, 2004).

내가 문화의 차이에 대해 생각을 하게 된 것은 2016년 독일 본사로 발령받아 갔을 때였다. 나는 한 유럽계 글로벌 회사에 오래 다녔고 운이 좋게 독일 본사에 가서 일할 수 있는 기회가 15년 만에 주어졌다. 난 미국에서 중고등학교 및 대학교까지 나왔고 직장생활도 해보았기 때문에 적응하는 것은 크게 어려움이 없을 것이라고 생각했다. 더구나 다른 회사를 가는 것도 아니고 같은 회사 안에서 내부 이동이었기 때문에 문화 충격은 고려 대상이 아니었다. 하지만 같은 회사에서 15년을 일했는데도 불구하고 독일에서 일하는 방식은 한국과 너무나도 달랐고 이해하기 어려웠다.

첫 문화 충격 경험이다. 글로벌 회사들은 대부분 자아주도성(Self-Initiative)을 중요한 덕목으로 직급을 막론하고 모든 직원들에게 요구한다. 즉, 주도적으로 아이디어를 내고 현실화시키는 추진력을 매우 중요시 여긴다. 자아주도성은 한국을 포함한 모든 지사에서 행해지는 평가항목 중 하나다. 나는 매우 추진력이 강한 사람이어서 주도적으로 내 아이디어를 현실화시키는 일에 어려움을 겪어보지 못했다. 내 아이디어를 모든 임원들이 모인 자리에서 프레젠테이션하고 사장님이 그 자리에서 승인해주면 일은 일사천리로 진행되었다. 타 부서와 협력해야 할 경우에는 미팅 전에 그 부서 임원이 사전에 사장님이 승인하셨다는 말만 해주면 일은 쉽게 풀렸다. 그렇기 때문에 아이디어에서 현실화까지 매우 빠른 시일 안에 진행시킬 수 있었다. 독일에 가서도 나는 같은 방식으로 일을 시작했다. 내 아이디어를 사전에 내 상사와 먼저 상의한 후, 똑같은 방법으로 관련 부서 임원들을 불러 모아 프레젠테이션을 했다. 그 당시 CSO(Chief Sales Officer, 그룹영업임원) 외 5명에게 프레젠테이션을 했다. CSO는 좋은 아이디어라고 창찬해 주었다. 하지만 거기서 끝이었다. 다른 임원들은 각자의 입장에서 내 아이디어에 이의를 제기하였다. 그 당시 나는 여러 사람들로부터 받는 질문이 문제가 아니었다. 한국에서는 미팅 시 제일 직급이 높은 사람이 긍정적인 사인을 보내주면 정말 커다란 문제가 있지 않는 한, 다른 사람들의 의견을 수렴하여 곧바로 실행이 가능했다. 다행히 난 던져지는 많은 질문에 대답할 수는 있었다. 하지만 답변만으로 충분하지 않다는 것을 중간에 직감할 수 있었다. 왜냐면 다들 얼굴 표정에 '아이디어는 좋아. 그런데 내가 왜 해야 하지?'라는 표정이었다. 미팅이 끝나고 난 후, 난 매우 혼란스러웠다. 내가 어떤 질문에 대답을 잘못했는지, 내 아이디어에서 무엇이 부족한 거였는지, 다방면에서 생각했지만 이해가 되질 않았다. 참석했던 CSO도 명확하게 다른 사람들에게 같이 하라고 밀어주는 이야기도 하지 않고 긍정적으로만 이야기하고 회의는 끝났다. '도대체 이건 뭐지?'라는 생각에 퇴근 후에도 마음이 편치 않았다.

다음 날, 독일 동료인 Tristan(트리스탄)이 전날 나의 미팅에 참석했었기에 그와 커피를 마시면서 물어봤다.

"트리스탄, 내가 어제 프레젠테이션에서 무엇을 잘못했나 봐요? 왜 다들 좋다고만 하겠다는 말은 하지 않을까요? 그리고 심지어 자기가 왜 해야 하냐고 질문도 하는데 뭐가 잘못된 건지 잘 모르겠어요."

트리스탄은 어깨를 으쓱하면서 매우 심플하게 대답해줬다.

"제인이 잘못한 것은 없어요. 프레젠테이션 내용은 좋았어요. 단지 당신이 모든 사람들의 참여(buy-in)를 끌어내지 못했던 것뿐이에요. 돌아다니면서 좀 더 많은 사람들과 1:1 미팅을 하면서 그들의 마음을 좀 구해봐요."

그 당시 난 매우 혼란스러웠다. 난 속으로 생각했다. '무슨 참여도(buy-in)를 말하는 거지? 이미 CSO가 좋은 아이디어라고 이야기해 주었으면 다들 참여해야 하는 거 아니야? 근데 뭐가 더 필요해?' 미국에서 직장생활을 할 때도 부서원들이 아무리 반대를 해도 결정권자가 결정하는 대로 모두 따라야 했다. 특정인이 결정에 동의하지 않으면 그를 설득시키려고 따로 노력을 하지만 그래도 가장 높은 직급의 상사가 내린 최종 결정을 따른다. 미국에서도 "뭉치면 살고 흩어지면 죽는다"라는 속담이 있다. 또한 미국 대통령에게는 'Vito'(비토)라는 권한이 있다. 아무리 상원과 하원의원들이 많은 회의를 걸쳐 법안을 올렸어도 대통령이 비토권을 행사하면 아무 소용이 없다. 이 의미는 최종 결정권자가 마지막에 반대하면 어쩔 수 없이 최종 결정권자의 의견을 따르는 것이다.

앞서 이야기했지만 난 한국에서 태어났고 중고등과정과 대학교를 미국에서 마치고 직장생활도 해봤기 때문에 내가 매우 국제화된 사람이라고 생각했다. 하지만, 그건 나의 착각이었다. 난 그냥 한국과 미국에 대해서만 잘 알고 있는 사람이었고 문화에 대해서는 그렇게 심도 있게 고민해 보지도 않았었다. 어려서부터 내가 속해 있던 한국과 미국 사회의 관습만 잘 익혀 살아왔던 것이다. 하지만 유럽은 다른 이야기였다. 고민 끝에 왜 이런 차이가 있는지, 도대체 이 차이가 어디서부터 시작됐는지 근본적인 뿌리를 이해하고 싶어졌다. 그 이유는 나의 태도에 따라 독일 본사에서 성공할 수 있느냐 없느냐의 갈림길에 서 있다고 생각했기 때문이었다. 그때부터 6개월 동안 서양과 동양 철학책, 그리고 역사책을 닥치는 대로 읽기 시작했다. 그러면서 깨달은 것은 동서양은 기본 철학의 시작점부터 다르다는 것이다. 또한 독일 역사는 한국이나 미국 역사와는 달랐다. 중세 다른 유럽 국가들처럼 독일도 여러 작은 주들이 합쳐져서 하나의 나라를 이루었다. 각각의 주마다 영주들의 군사력과 경제력이 달랐고 때로는 왕보다 더 큰 경제력과 군사력을 가지고 있는 영주도 있었다.

그래서 왕이 전쟁을 일으키고 싶으면 영주들의 동의를 얻어야만 했다. 그렇기 때문에 top-down(상의하달) 식의 결정권보다는 의견의 합의 일치가 더욱 중요했던 것이다. 난 역사학자나 철학자가 아니다. 그렇기 때문에 나의 짧은 지식으로 역사나 철학 이야기를 깊게 이야기하지는 않겠다. 단지 내가 느낀 차이점과 나만의 해석으로 이야기하고 싶다. 철학과 역사책을 읽고 난 후 트리스탄의 말이 떠올랐다. 그리고 왜 중요한 부서 사람들의 참여도(buy-in)가 중요한지도 깨달았다.

오랜 직장생활 동안 느낀 것은 많은 사람들이 영어만 잘하면 유럽인이나 미국인들과의 소통이 쉬울 것이라고 생각한다. 당연히 영어가 큰 부분을 차지하고 소통이 쉬운 것은 맞다. 하지만 단지 영어만 잘한다고 모든 소통이 쉬워질까? 같은 영어를 쓰는 영국인들과 미국인들도 유머 코드가 달라서 서로 오해를 하고 사이가 서먹해지는 경우가 있다. 영국인들은 매우 시니컬(Cynical)한 농담을 한다. 미국인들은 이런 스타일의 농담에 익숙하지 않고 만약 한다 해도 꼭 "Just Kidding(농담이야)."이라고 이야기해서 오해 소지를 줄인다. 평균적으로 독일인들도 영어를 잘한다. 하지만 미국 회사인 월마트도 독일 문화를 간과하고 독일에서 비즈니스를 진행하다가 2006년에 철수하기로 결정했다. 영어로 소통이 원활해도 그 나라의 문화를 이해하지 못하면 비즈니스를 접어야 하는 경우가 많다.

②

문화의 시작점은 어디인가?

내가 한참 문화에 대한 고민을 하며 철학책들을 읽고 난 후 깨달은 것은 동서양 철학의 시작점의 차이였다. 고대 그리스 철학자들의 생각의 근본은 '나'로부터 시작된다. 이 커다란 우주 안에서 나는 누구인가부터 시작해왔다. 내가 볼 때 서양 문화는 개인 즉, 본인의 생각과 신념, 그리고 개인의 행복을 중요시한다. 대부분 모든 것의 주체는 나에게서부터 시작된다. 반면 동양 철학의 기본 바탕은 '하모니' 즉, '화합'이다. 그래서 행복을 이야기할 때 동양 문화권에서는 '어울림'이 중요하다. 한국에서 많이 쓰이는 광고 카피 중 흔히 볼 수 있는 문구가 '함께 어울려 사는 사회', '모두가 행복한 사회'이다. 우리는 행복이란 모두가 함께 잘 지내는 것이 진정한 행복이라고 믿는다. 그래서 우리는 어려서부터 튀지 말고 남을 배려하라고 배우는 반면, 서양권에서는 개인의 특성이 중요하다고 배운다.

    내가 중학교 때 가장 놀랐던 사건이 하나 있다. 그때나 지금이나 한국 수학 교육 수준은 세계적으로 높은 편이어서 미국으로 간 대부분의 한국 학생들은 수학은 잘했다. 중학교 때 미국을 가서 영어는 못했지만 숫자는 알아볼 수 있어서 유일하게 잘하는 과목이 수학이었다. 그 당시 미국 중학교에선 과목마다 잘하는 아이들만 따로 모아 가르치는 아너스(Honors)반이 있었다. 그런데 하루는 수학 시간에 선생님이 학생들에게 수학을 못해도 괜찮다는 것이다. 이거 몰라도 살아가는 데 큰 지장이 없다는 것이다. 사칙연산만 잘하면 된다고 하셨다. 너희 하나하나가 모두 특별하고 장점이 있으니 그 장점을 살려서 살아가라는 이야기를 해주셨다. 미국 학교에서도 학부모와 정기적으로 상담 시간을 갖는다. 그 시간에 각 과목 선생님들이 우리 부모님에게 내 성적에 대한 이야기가 아니라 나에 대한 장점을 늘어놓으며 내 기를 살려주었다. 물론 나한테만 하는 것은 아니고 모든 학생들에게 똑같이 해주었다. 그 당시 중2 학생인 나와 우리 부모님에게는 적지 않은 충격이었다. 학교 수학 선생님이 그런 이야기를 해주는 것도 처음 들어봤거니와 학부모 면담 시간에 영어도 못하는 아이에 대한 칭찬을 하는 것도 생각하지 못한 일이었다. 그 당시 난 영어를 못하니 공부를 잘할 리가 없었다. 한국에서는 잘하면 더 잘해야 했다. 또한 공부를 못하는 학생을 칭찬하는 경우는 들어보지도 못했다. 더 나아가 수학을 못해도 된다는 이야기를 해주는 사람은 아무도 없었다. 우리 부모님도 적지 않게 충격을 받으신 듯 보였다. 80년대 당시만 해도 한국에서 나는 '여자애가 너무 튄다, 나대지 마라'는 이야기를 많이 들었다. 아마 내가 지금 태어난 MZ 세대라면 그런 이야기를 듣지 않았을 수도 있었겠다. 하지만 매우 활동적이었던 나는 한국에서는 좀 튀는 여학생이었다. 지금 생각해봐도 한국에서 온 지 얼마 안 되는 평범한 한국 가족에게는 적지 않은 충격일 수 밖에 없는 일이었다. 영어도 제대로 못하는 아이의 성향을 어떻게 관찰하고 파악했을까? 교육열이 남달랐던 우리 부모님에게 공부만이 답이 아니라는 생각은 충격 그 자체였다. 수학을 못해도 괜찮다니….

언어는 그 나라 문화를 알 수 있는 중요한 요소다. 한국 사람들은 '우리'라는 표현을 많이 쓰는 반면 영어는 '나'라는 표현을 쓴다. 대학 졸업

후 다시 한국에 돌아와 직장생활을 할 때, 사람들이 "우리 이런 거 좋아해."라는 표현을 들으면 나는 도대체 우리가 누구를 지칭하는지 몰랐다. '우리'가 지칭하는 것이 그들의 가족인가? 도대체 어느 무리를 지칭하는 거지? 하고 스스로 질문을 했다. 이처럼 사사로운 말 표현 하나하나까지도 문화의 차이에서 온다. 언어 부분은 뒷부분에서 좀 더 이야기하겠다.

3

글로벌 하다는 게 무엇인가?

　오래전부터 글로벌 비즈니스를 위해 커뮤니케이션이 얼마나 중요한지
는 많은 학자들이 연구를 해왔다. 엘리자베스 A. 툴레자 교수가 지은 『글
로벌 비즈니스를 위한 문화간 커뮤니케이션』을 보면 다양한 분야의 학자
들이 오랫동안 많은 연구를 해왔다는 것을 알 수 있다. 때론 선진 글로벌
기업은 외국으로 파견 나가는 직원들을 위해 문화의 이해를 돕는 교육
컨텐츠를 만들어 활용한다.

　학자들은 동서양 간의 비즈니스 환경에서 문화를 이해하기 위해 크게
4가지로 나누고 있다. 앞으로 2부에서는 문화의 차이를 이해할 수 있는

8가지 항목을 검토해 보겠다. 개인 지향과 그룹 지향적, 분석적과 전체적 사고, 저맥락과 고맥락, 그리고 내적 요인과 외적 요인으로 나누어본다. 위 4가지 항목은 내가 어느 글로벌 기업 강연 때 들었던 내용이다. 이 4가지 항목을 내 경험에 비추어 사례를 들어보겠다.

그럼 개인 지향과 그룹 지향적 문화에 사는 사람들이 어떠한 차이점을 보이는지 살펴보자.

개인 지향과 그룹 지향

그림 3

〈그림 3〉이 있다. 한국 사람이 독사진을 찍을 때 어떤 방식으로 사진을 찍을까? 대부분 오른쪽 그림처럼 전신이 나오게 찍을 것이다. 반대로 서

양인들은 왼쪽처럼 얼굴에 초점을 두어 찍는다. 옛날 우리 선조들의 초상화를 봐도 대부분 사람 전체의 모습을 그려서 그 사람의 위엄 즉, 분위기도 표현해 준다. 반면 서양 초상화들은 얼굴을 중심으로 그린다. 돈이 많은 왕이나 귀족은 전신도 나오는 다양한 유형의 초상화도 그렸다. 하지만 대부분 일반적인 초상화는 '모나리자'의 초상화처럼 인물 얼굴에 초점이 맞춰져서 그려졌다. 왜 이런 차이가 있을까? 그 이유는 한국 문화는 '전체'를 중요시한다. 전체적인 조화 즉, 어울림이 매우 중요하다. 그래서 동양 철학인 명리학, 풍수지리, 관상을 봐도 우주, 자연, 얼굴의 모든 조화가 적절히 잘 이루어졌는지에 초점을 둔다. 또한, 명리학에서는 나를 설명하기 위해 나도 모르는 조상들 이야기까지 나온다. 반면, 서양 철학의 기본 바탕은 나 개인에서 시작한다. 쉬운 예로 서양의 철학을 바탕으로 한 타로는 개인의 구체적인 질문에 답을 해준다. 이러한 철학적 밑바탕이 심지어 그림이나 예술에까지 영향을 미친다.

그럼, 언어에는 문화가 어떻게 영향을 주는지 알아보자. 한국 사람들이 영어 표현 중 가장 헷갈리기 쉬운 것 중 하나가 다음 질문이다.

"Don't you like cakes?(케이크를 싫어하세요?)" 미국식 표현은 "No, I don't like cakes(아니요. 난 케이크를 좋아하지 않아요)."이다. 한국 사람들의 대부분 대답은 "Yes, I don't like cakes(네, 나는 케이크를 좋아하지 않아요)."이다. 왜 'Yes'와 'No'로 표현을 다르게 할까? 개인 지향적인 문화에서는 내가 주체가 되기 때문에 내가 싫어하는 것을 답하기 위해 'No'라고 먼저 대답한다. 하지만 그룹 지향적인 문화는 관계를 중요시 생각한다. 그렇기 때문에 'Yes'의 뜻은 질문에 대한 대답이 아니라 '당신의 질문을 인지했다, 들었다'란 의미이다. 즉 acknowledgement(접수했다)의 의미에 속한다. 다시 말하면, 서양은 "I see, I understand(알겠다, 이해했다)."이다. 이 차이는 영어 문법만의 문제가 아닌 문화와 철학의 기반에서 비롯된 듯하다.

그럼, 우리가 정보를 찾아볼 때는 이 차이점이 어떻게 나타날까? 구글과 네이버에서 각각 미국 대통령의 이름을 한번 검색해 보자. 구글에 미국 대통령의 이름을 치면 그에 관한 최근 사건 및 활동이 나무위키와 함께 자세히 나열돼 있다. 반면 네이버에 검색을 하면 그의 인적사항이 제일 먼저 크게 한눈에 보인다. 그 다음, 그의 부인에 대한 이야기가 나온다. 이처럼 서양 문화는 그 사람의 신상 정보보다는 개인이 주체가 되는 현재 활동에 초점이 맞춰져 있다. 한국처럼 관계 지향적인 문화에서는 개인의 인적사항을 먼저 알려준다. 아마도 이런 문화적 차이로 구글이 한국에서 네이버를 쫓아가기 힘들지 않나 하는 생각을 해본다.

우린 비즈니스 환경에서 많은 사람들을 소개받거나 만나게 된다. 그럼 사람을 소개받을 때는 어떻게 다를까? 우리는 대략 사람을 소개할 때 그 사람의 나이, 직업과 타이틀, 출신 학교, 사는 동네 등 기본 인적사항을 정보로 알려준다. 반면, 외국인 동료는 새로운 사람을 소개할 때 그 사람이 최근에 어떤 프로젝트를 성공시켰는지, 요즘은 어떤 프로젝트를 진행하는지, 강점이 뭔지 등등 업무에 대한 것을 알려준다. 이렇듯 알게 모르게 우리는 실생활에서 문화 차이에 많이 노출되어 있지만 제대로 인지하지는 못 하고 있다.

4

우리는 왜 다르게 행동하나?

서양인들은 일반적으로 사람들과 어울릴 때도 개인의 성격을 중심으로 보지 집단으로 묶어서 보지 않는다. 예를 들어 유럽인들에게 영국 사람들이 '영국 신사'라는 말을 하면 모두 놀란다. 좋은 의미로 놀라는 것은 아니다. 어느 나라 사람에게 이야기했냐에 따라 불쾌하게 생각하는 사람도 있을 수 있다. 왜냐면, 유럽 국가들은 오랜 세월동안 끊임없이 서로 전쟁을 해왔기 때문에 누가 누구를 신사라고 이야기하지 않다. 영국인들도 이 표현을 들으면 놀란다. 내 생각에는 예전에 중절모와 양복을 입은 영국인들이 변덕스러운 영국 날씨 때문에 우산을 들고 다니는 모습을 보고 그렇게 부르지 않았나 싶다. 하지만, 내 주위에서 이 표현이 어떻게 시작되었는지 정확하게 아는 사람은 없다.

개인 지향적인 문화권 사람들은 본인을 팀보다 먼저 생각한다. 이 예는 아마도 미국 리얼리티 오디션 프로그램을 보면 그들의 특성을 잘 알수 있다. 리얼리티 오디션 쇼에서 팀 미션을 눈여겨보면 한국인들과 큰차이가 있다는 것을 알 수 있다. 본인이 속해 있는 팀이 꼴찌를 해도 본인이 얼마나 최선을 다했고 대단한 퍼포먼스를 보여줬는지에 대해 자화자찬을 한다. 또한, 각자의 생각에 팀 미션 중 가장 기여도가 낮은 특정인을 콕 집어서 서슴없이 꼴찌를 한 이유를 그에게 돌린다. 이긴 팀에 대한 본인의 감정이 부정적이든 긍정적이든 과감하게 이야기한다. 반대로한국의 오디션 쇼에서 팀 미션을 한번 생각해 보자. 한국은 탈락한 팀 전원이 모두 본인 때문에 팀이 탈락했다고 자괴감에 빠지는 모습을 볼 수있다. 만일 실수한 팀원이 있으면 다들 그가 상처 받지 않았나 걱정을 해준다. 이긴 팀에 대해서는 다들 진심으로 기뻐해 주고 축하해 준다. 또한이긴 팀 역시 상대 팀의 노력과 수고를 칭찬해 준다. 앞에서 이야기한 철학적 다름의 특징이 여기서 뚜렷하게 나타나는 것 같다.

외국 직원들과 출장을 함께 가면 저녁식사 후 모두 함께 복귀하지 않는다. 혼자만의 시간을 갖는 직원들도 있고 참석했다가 먼저 일어나거나 다른 곳으로 혼자 이동하는 사람들도 있다. 반면 한국 직원들과 외국 출장을 가면 모두 함께 움직여야 한다. 개인 활동은 거의 없다. 2000년대에 한국 직원들 10명 정도와 함께 독일 본사로 출장을 간 적이 있었다. 네덜란드 공항에서 비행기를 갈아타야 하는데 8시간을 기다려야 했다. 난 개인주의 성향이 강해서 8시간을 활용하여 혼자 네덜란드 시내에 나가기로 마음먹고 모두에게 이야기했다. 그 당시 대부분 나보다 나이가 많은 직원들이었고 그분들은 그냥 네덜란드 공항에서 8시간을 앉아 있자고 하며 나를 말렸다. 반면 몇몇 안 되는 젊은 직원들은 내심 나를 따라 나오고 싶었지만 아무도 용기 있게 같이 가자고 나이 많으신 분들 앞에서 이야기하지 못했다. 그 당시 나보다 나이도 많고 직급도 높으신 분들은 뚜렷한 이유 없이 그냥 같이 공항에 있어야 된다는 주장만 했다. 난 8시간 동안 아무것도 하지 않고 가만히 공항 구경만 하고 싶지는 않았다. 난 시간에 맞춰서 돌아오겠다고 하고 그냥 나가버렸다. 몇몇 젊은 직원들이 슬금슬금 따라오면서 함께 데려가 달라고 나를 불렀다. 우리는 네덜란드 시내 구경을 한 후, 식사를 마치고 공항으로 돌아왔다. 내가 돌아왔을 때 공항에 남아 있던 분들의 표정은 썩 좋지 않았고 심지어 오는 내내 별로 나와 이야기도 나누지 않았었다. 그 후에도 나는 그들과 그렇게 친해지지는 못했었던 것 같다.

그룹 지향적인 문화는 서로가 엮여 있고 계층적이어서 계급과 질서가 뚜렷하다. 대부분의 규칙과 질서는 상위 계급자가 설정하며 함께 목표를 세워서 협력하는 것을 매우 중요시 생각한다. 또한 의리와 충성심을 강하게 요구하며 내가 어느 그룹에 속해 있는지가 본인의 정체성의 정의를 내려준다. 그래서 집단 안에서 순응하고 구성원으로서의 행동과 맡은 역할을 해내는 것이 매우 중요하다(Tuleja, 2022). 이러한 행동은 심지어 아이돌 그룹에서도 볼 수 있다. 대부분의 아이돌 그룹에는 리더가 있고 춤 담당, 노래 담당, 인터뷰 담당 등 개개인마다 맡은 역할들이 있다. 그래서 인터뷰할 때는 주로 인터뷰를 담당하는 사람이 이야기하고, 예능에서 춤을 춰야 할 때는 춤을 담당하는 사람이 주로 춤을 춘다.

⑤
문화는 어디까지 영향을 주나?

그럼, 사고의 차이를 생각해보자. 서양 문화에서는 분석적인 사고를 중요시 생각하는 반면 동양 문화에서는 전체적인 사고를 중요시한다. 쉽게 예를 들어보면 전월의 매출을 분석한다고 가정하자. 한국 직원들은 모든 세부 항목의 수치도 중요하게 보지만 전체적인 판매 추세와 중요한 항목의 수치 위주로 분석한다. 반대로, 외국 직원들은 전체적인 판매 추세도 중요하지만 모든 세부 사항 위주로 꼼꼼히 분석한다.

이런 사고의 차이를 옳고 그름으로 접근하지 말아야 한다. 그냥 이렇게 다르다는 것을 인지하고 분석적인 문화권에서 온 사람과 일할 때에는 이런 면을 조금 더 신경 쓰면 된다. 가끔 어떤 사람들은 옳고 그름에 너무 초점이 맞춰져서 가끔 외국인 동료들과 말다툼을 벌이면서 누가 옳고 그른지를 따지는 일이 있다. 차이는 차이일 뿐이고 인정하는 것이 더 현명하다. 엘리자베스 툴레자 교수는 상대방의 특정한 문화적 규범을 인지하는 것은 존경을 의미하며 그들과의 지속적인 관계를 발전시키기 위해 당신은 많은 시간을 투자해 배워야 한다고 이야기한다. 또한 그녀는 우리의 목적은 문화적 판단이 아니라 문화적 성찰을 가능하게 하는 문화적 감수성 모델을 이해하기 위해 노력하는 것이라고 이야기한다.

문화와 예술

앞에서 이야기한 동서 간의 고전 초상화를 다시 한번 생각해보자. 앞에서 이야기했듯이 우리나라는 대부분 그 사람의 얼굴뿐만 아니라 그 인물에게서 풍겨지는 전체적인 분위기를 보여주기 위한 전신 초상화를 그린다고 했다. 우리가 보는 역대 왕들의 얼굴은 전신 초상화에서 얼굴만 포커스 한 것이 많다. 반면 외국인들의 초상화는 대부분 얼굴에 초점을 두고 가슴선이나 상반신 그림이 많다. 반 고흐의 초상화를 생각해보면 붕대 감은 그의 얼굴만 그려져 있다. 그럼 풍경화는 어떻게 다를지 한번 생각해보자. 우리나라의 고전 산수화를 보면 어느 한곳을 부각시키거나 초점을 두고 그렸다기보다는 산이나 자연 전체의 웅장함, 신비스러움이나 고요함을 표현하며 그렸다. 반면 외국의 풍경화를 보면 정확하게 눈을 이끄는 하나의 포인트가 있고 나머지는 조연급으로 그려진다.

혹시 외국 출장 시 자동차 광고를 본 적이 있는가? 외국에서 자동차 광고는 그 자동차가 가지고 있는 기능에 초점을 맞춰서 광고를 한다. 예를 들어 마력, 친환경적, 태울 수 있는 인원 수, 또한 월 할부금 등 개인이 이 자동차를 선택하는 순간 누릴 수 있는 혜택을 최대한 많이 보여주는 광고를 한다. 우리나라 자동차 광고와는 결이 완전히 다르다. 최근 그랜저 광고를 본 적이 있는가? 그랜저 광고를 보면 90년대 그랜저가 가지고 있던 '성공한 사람의 자동차'라는 감성을 자아내는 광고를 했다. 얼마 전 프로스펙스도 예전 80, 90년대 금메달리스트들을 활용해 감성적인 광고를 했다. 그래서인지 한국에서 광고하는 외국 자동차들 역시 약간씩 기능을 보여주기는 하지만 대놓고 가격을 이야기한다든가 성능 중심적으로 광고를 하지 않는다.

이러한 사고방식의 차이를 최대한 나의 강점으로 활용할 수 있어야 한다. 글로벌 회사들의 장점 중 하나가 사고의 차이를 좋아하고 존중한다는 것이다. 문화에서 오는 사고의 차이를 이해하면 본인이 처한 상황에 따라 어떠한 태도와 입장을 고수해야 할지 결정할 수 있다. 그러면 본인이 맡은 업무와 경험이 더욱 풍성해지고 장점으로 이어져 활용할 수 있다.

동기 부여와 감정

글로벌 기업 임원들의 과제중 가장 어려운 이슈 중 하나가 직원들의 동기 부여이다. 많은 기업 리더들이 어려워하고 개인적으로 코칭을 받으면서 해결해 나간다. 일단 서양 문화권과 한국 문화권의 동기 부여와 감정 차이가 어떻게 다른지 알아보자. 서양 문화는 내적 요인에서 오는 동기 부여가 강한 반면 한국 문화권에서는 외적 요인에서 온다. 이 말의 의미는 직원들의 능동적 행동의 근본이 어디서 시작되느냐는 뜻이기도 하다. 쉬운 예로 회사 워크샵을 가서 6명씩 3그룹으로 나눈다고 하자. 사회자가 모든 그룹에서 리더를 한 명씩 뽑으라고 이야기한다. 한국 직원들만 속해 있는 그룹은 그룹 리더를 하면 좋을 사람에게 서로 떠넘기면서 누구도 내가 하겠다는 이야기는 절대 먼저 하지 않는다. 반면, 유럽인이나 미국인들은 같은 그룹 사람들과 눈치 게임을 하듯 서로 얼굴을 쳐다보다가 먼저 손든 사람이 그룹 리더를 한다.

앞서 이야기했듯 서양 문화의 뿌리는 '나'로부터 출발한다. 그렇기 때문에 어떠한 일에 참여하느냐 마느냐 역시 내가 결정한다. 그래서 그 일에 연관된 모든 책임도 내가 진다. 그래서 외국인들을 설득할 때는 이 업무가 본인에게 미칠 혜택에 초점을 맞춰서 이야기하면 설득하기 쉽다. 책 시작 부분에 소개된 나의 첫 독일 프레젠테이션의 실패가 여기에 있었던 것이다. 난 회사 전체적으로 얻을 수 있는 이익에 초점을 맞춰 이야기했지만 그들이 원했던 대답은 그들 개인에게 어떠한 이익이 올지가 더 궁금했던 거다. 그래서 제일 많이 들었던 말이 "It sounds great, but it's not in my KPI. Why should I do it?(좋은 생각인 것 같은데 내 연말 평가항목에는 없는 사항이네요. 그런데 내가 왜 해야 하죠?)"라는 이야기였다. 이제 와서 생각해보면 그들 입장에서는 내가 무리한 부탁을 했을 수도 있었던 것이다.

한국 문화의 동기 부여는 외적 요소에 더 많이 초점이 맞춰져 있다. 예를 들어 인정 역시 외부로부터 즉, 타인에게서 오는 것이 더욱 값어치 있다고 배워왔다. 우리가 어려서부터 배워온 겸손함이 여기에서 시작되는 듯하다. 뒤돌아보면 90년대에는 유교사상에서 오는 겸손함으로 부터 벗어나려고 노력하기 시작했다. 내가 사회생활을 시작한 90년대 중반부터 면접 시 자기 자신을 프로모션하라는 이야기를 많이 했다. "외국에서는 본인이 본인을 칭찬하는 것이 흉이 아니다. 우리도 자기 자신을 홍보해야 한다."라고 이야기하기 시작했다. 한국 문화에서는 겸손함이 중요한 덕목 중 하나다. 소프라노 조수미 선생이나 김연아 선수도 내가 세계 최고라고 자화자찬을 하지 않는다. 그러한 겸손함이 아직도 우리 문화 밑바탕에 깔려 있어서 나는 겸손한 그들을 사랑한다. 본인이 인정한 베스트보다는 남들이 인정한 베스트가 우리는 더욱 값지다고 생각한다. 그리고 진정한 행복은 매일 밤 신나는 파티를 여는 것보다 고요함, 평온함, 무탈함에서 온다는 믿음을 가지고 있다. 그렇기 때문에 한국 직원들의 동기 부여는 돈으로도 해결되지 않는다. 내가 생각하는 한국인들의 동기 부여는 개인의 이익도 중요하지만 그것보다는 커다란 목표 안에서 나의 역할이 얼마나 중요한가에 더 큰 초점이 맞춰져 있는 것 같다. 또한 한국 문화는 만약을 위한 준비 역시 중요시 생각한다. 외국인 동료들과 이야기해보면 한국인들에게 동기 부여를 할 때에는 왜 해야 하는지를 분명히 설명해 주어야 하고 어떻게 같은 방향으로 가야 하는지도 명확히 말해줘야 했다고 한다. 또한 한국 사람들은 만일을 위해 철두철미하게 준비하는 습성도 있다고 말한다. 나도 지난날을 돌아봤을 때 내 팀이 가장 완벽한 동기 부여가 이루어졌을 때는 팀원들끼리 험난하고 힘든 상황을 함께 헤쳐나갔을 때였다. 험난한 상황을 함께 헤쳐나갈 수 있었던 원동력으로는 새로운 패션 트렌드의 창조와 #1 브랜드 매출을 따라 잡자는 회사의 커다란 목표에서 시작되었다. 그 목표를 달성하기 위해 우리 부서 개개인이 명확하게 각자의 역할을 깨닫고 디테일한 계획을 세워서 무적 군함처럼 밀고 나갔었다. 2등 브랜드가 1등 브랜드 매출을 따라 잡는 것이 결코 쉽지 않은 이유는 1등과의 매출 격차가 너무나도 컸기 때문이다. 또한, 회사 내부와 외부 고객 상황을 조율하는 것을 비롯하여 모든 면에서 하나도 쉬운 것은 없었다. 또한 우리가 가용할 수 있는 리소스도 많지 않았다. 하지만 상황에 맞게 계획을 조정하고 감각적으로 스피드 있게 일하면서 조금씩 1등과의 폭을 좁혀갈 수 있었다. 그 당시 관련된 모든 부서들이 이 과정에 동참하여 역대 최고의 결과물을 만들어냈다. 매년 연말마다 그 당시 팀원들을 만나 옛 일을 회상해 본다. 매번 결론은 우리는 단 하루도 쉬운 날이 없었지만 남들이 쉽게 해보지 못한 귀한 경험을 했다는 것이다. 커다란 회사의 목표를 위해 함께 돕고 양보해가면서 이루어 냈던 것이 비결이었다. 즉, 개인의 성과보다는 팀 전체의 성과에 초점이 맞춰져 나의 기여도가 명확했었다는 결론이다.

2부

상위 1%
글로벌
직장인을 위한
문화학 개론

교육 방식은 동서양 문화 차이에 큰 영향을 주는 중요한 요소중 하나인 것 같다. 서양의 교육 방식은 중고등학교 전 과정이 대학 입시를 위주로 공부하지 않는다. 유럽의 경우 고등학교 졸업과 동시에 취업을 원하는 학생들은 직업학교를 선택한다. 당연히 의사, 기업인, 변호사가 꿈이면 정규 대학에 가서 공부를 이어간다(마이, 2008). 즉, 공부를 선택한 학생들은 그들의 시간을 교육에 더 투자하는 것이다. 그렇기 때문에 앞집 의사와 나의 월급을 비교하면서 신세한탄을 하지 않는다. 고등학교 졸업 후 취업을 선택한 사람들은 정규 대학에 입학한 사람들이 더 많은 시간을 공부에 투자해서 의사, 기업인, 변호사가 되었기 때문에 수입이 다른것을 당연하다고 인정한다. 이러한 사고의 차이가 문화와 어떠한 연관성이 있는지 INSEAD 교수의 Erin Meyer 교수가 정의한 개념들을 나의 실사례에 비추어 살펴보자.

글로벌 로컬(Global Local)이란 무엇인가?

30년 가까운 나의 커리어 기간 동안 한국에서 여러 외국 기업들의 흥망성쇠를 봤다. 흥망성쇠의 이유를 딱 한 가지로 정의 내려 이야기하는 것은 옳지 않다. 여러 가지 이유가 복합적인데 그 중 한국의 문화를 이해하지 않으려고 하거나 혹은 이해하지 못해서 철수를 하는 경우도 종종 봤다. 그런 경우 본인들만의 방식만 고집하다가 소비자와 직원들의 마음을 얻지 못해 철수하는 경우도 많이 봤다. 유럽이나 미국에서는 통하는데 왜 한국에서는 안 통하는지 이해하지 않으려고 들던가 한국 문화를 몰라서 직원들을 화나게 만들어 신뢰를 깨버리는 경우도 있었다. 예전에 유럽에서 온 직원이 한국 직원들 머리를 쓰다듬고 먼지 묻은 손을 한국 직원 옷에 닦는 행동을 했다. 그는 친해지려고 했다고 하지만 한국 사람들로서는 매우 무례하고 화가 났던 행동이다.

글로벌 회사들이 추구하는 전략은 'global-local'(글로벌 로컬)이다. 이 뜻은 글로벌 콘셉트를 현지에 맞게 적용하는 전략이다. 매우 어려운 문제이기 때문에 많은 사람들이 매달려서 고민한다. 또한 글로벌 기업들은 마케팅과 영업 전략 못지않게 일하는 방식도 통일화시켜 불필요한 오해와 그로 인한 에너지 소모를 줄일 수 있는 시도를 끊임없이 한다.

요즘 K-팝, K-뷰티, K-푸드, K-드라마 등 한국 문화 콘텐츠가 세계적으로 매우 폭발적인 인기를 누리고 있다. 하지만 아직도 유럽인들 사이에서 한국은 낯선 나라다. 왜냐면 한국이 주목받기 시작한 지 얼마 되지 않았기 때문이다. 일본과 중국은 오래 전부터 유럽 국가들과 무역을 해왔다. 그렇기 때문에 평범한 유럽인들에게도 중국과 일본이 소개된 세월은 길다. 반면 한국도 무역을 하긴 했지만 상대적으로 활발하지 않았고 제제도 많았어서 한국은 최근에야 알려진 미지의 나라다. 최근 들어 인터넷 강국답게 SNS의 발달로 한국이 주목받기 시작했다. 내가 1986년 미국에 처음 이민 갔을 때만 해도 현대차가 대한민국 자동차인지 아는 사람이 극히 드물었다. 현대차의 주요 고객들은 애국심이 강한 재미교포들이었다. 학교에서 선생님들이 "넌 어느 나라에서 왔니?"라고 물어봤을 때 "한국에서 왔어요."라고 하면 "한국이 어디에 있는 나라야?"라는 질문을 흔히 했다. 그때만 해도 중국인이 아니면 일본인으로 인식되던 시절이었다. 한국은 88년 올림픽 이후 불과 30~40년 만에 오늘날의 커다란 나라가 된 것이다.

이처럼 피해갈 수 없는 글로벌 비즈니스 시대에 외국인들도 한국 문화에 대한 이해도를 높여야겠지만 우리도 유럽과 미국 문화에 대한 이해도를 높여가야 한다. 단순히 외국어가 유창해서 사람들과 사려 깊게 존경하는 마음으로 상호 작용하는 데 능통하다고 할 수 없다(Bennett, 2004). 여행과 비즈니스 상황은 매우 다르다. 다시 말하면 우리는 상황과 배경에 따라 다르게 행동해야 한다. 예를 들어 우리가 외갓집 외할머니를 만나러 갔을 때와 외국인 상사를 대할 때의 행동은 다르다. 외갓집 외할머니와 나는 문화뿐만 아니라 많은 것을 공유한 사람들이기 때문에 별다른 이해관계를 구하지 않고도 할머니의 취향에 맞춰 즐겁게 대화할 수 있다. 하지만, 문화적 이해도가 낮은 외국인 상사와는 취향만 가지고 이야기하기엔 그가 한국인이 아니라는 커다란 차이가 있다.

최근에 나라들의 문화적 차이를 개념적으로 정리해서 이론화한

INSEAD의 Erin Meyer라는 교수가 있다. 그녀의 『The Culture Map』을 보면 8가지 방식의 문화적 개념 차이를 이야기한다. 1장에서 약간 소개된 부분과 겹치는 부분들도 있다. 그녀가 말하는 8가지의 차이는 Communicating(소통하기), Evaluating(평가하기), Persuading(설득하기), Leading(이끌기), Deciding(결정하기), Trusting(신뢰하기), Disagreeing(의견 불일치), 그리고 Scheduing(스케줄링)으로 나눠져 다양한 문화권에서 어떠한 차이를 보이는지를 다루고 있다. 나는 Meyer 교수의 8가지 개념을 나의 지난날의 경험을 토대로 한국에서 서양 문화권 사람들과 어떠한 오해가 생길 수 있는지 예를 들어보겠다.

소통하기
커뮤니케이션은 명확하게 하라

맥락이란 개념을 쉽게 말하자면 아마도 영어에는 없는 '눈치'가 있느냐 없느냐는 개념으로 설명하는 것이 쉬울 것 같다. 나는 어려서 아버지에게 "눈치껏 행동하면 절에서도 새우젓을 얻어 먹는다"라는 재미있는 속담을 자주 들었다. 그만큼 눈치껏 행동하는 게 한국 사회에서 얼마나 중요한지를 알 수 있다. 그리고 '정'이라는 개념 역시 이 개념에 포함시킬 수 있을 것 같다. '정'의 개념은 너무나도 넓고 포괄적이어서 무엇이라 쉽고 명확하게 정의를 내리기 어렵다. 아마도 내가 본 표현 중 가장 잘된 표현은 어느 유명한 광고 카피였던 '말하지 않아도 알아요.'라는 문구이다. 말 그대로 아무 말 안 해도 알아서 눈치껏 분위기 파악해서 행동한다는 것이다. 말하지 않았는데 알아차려야 한다는 것은 정말 어려운 일이다. 쉬운 예를 들어보면 길을 가르쳐 줄 때이다. 요즘에는 내비게이션 앱이 있어서 길거리에서 누군가에게 길을 물어보는 일이 상당히 줄었다. 하지만 예전에는 길거리에서 종종 길을 물어봐야 하는 일이 매우 흔했다. 가장 애매하고 혼란스럽게 길을 가르쳐주는 방법은 "이리로 쭉 가시면 됩니다. 가다 보면 나옵니다."라고 이야기해 줄 때다. 나도 학창 시절 여름방학 동안 한국을 잠시 방문했을 때 길거리에서 길을 물어볼 때가 많았다. 지나가던 사람들이 대부분 이런 방식으로 길을 가르쳐주면 매우 혼란스러웠다. 도대체 이 길로 쭉 얼마나 가란 말인가? 가다 보면 뭐가 보인다는 말이지? 가르쳐준 대로 길을 따라 쭉 가다가 길을 잃은 경우도 다반사였다. 이렇게 명확한 상황 설명 없이 눈치껏 알아들어야 하는 것을 고맥락이라고 한다. 반면, 뉴욕시에서 길을 물어보면 아주 자세히 설명을 해준다. "여기서 남쪽으로 세 블록 내려가서 렉싱턴 스트리트를 만나면 좌회전하세요. 그리고 100미터 걸어가세요. 그럼 파란색 간판이 2층에 걸려 있을 겁니다." 이처럼 명확하고 디테일하게 설명해주는 것을 저맥락이라고 한다. 요즘 한국 젊은 MZ 세대들은 점점 저맥락으로 가는 추세인 것 같긴 하다. 반면, 일본은 아직도 고맥락 문화권에 우리보다 더 깊숙이 있는 것 같다. 최근 교토로 여행을 갔었다. 이세탄 백화점에서 동행하신 분이 물건을 사고 면세금을 받으려고 안내 데스크를 찾아갔다. 안내 데스크에는 그냥 맥락 없이 오른쪽 화살표와 함께 "Go Straight!(쭉 가시오!)"라고 적혀 있었다. 교토역에 있는 이세탄 백화점은 넓은 편이어서 안내 데스크에서는 면세점(Duty-Free) 사무실이 보이지 않았다. 말 그대로 쭉 가다 보니 그 층 맨 뒤쪽에 면세점 사무실이 위치해 있었다. 때로는 회사에서도 고맥락적 커뮤니케이션에 의해 필요치 않은 회의를 해야 하는 경우가 생긴다. 길 찾는 것도 어려운데 상대방의 말이 너무 애매해서 무엇을 말했는지 제대로 이해를 못 했을 경우이다. 사람들이 뜻을 해석하느라 삼삼오오 모여 해석을 하다 보니 말한 이의 뜻과 어긋난 해석을 할 때가 있다. 이런 경우에 뜻을 잘못 해석해 모두 난처한 상황에 놓인다. 때로는 같은 일을 두 번 해야 하는 상황이 온다. 명확하게 이야기해주는 것도 중요하지만 뜻을 제대로 이해하지 못했을 때에는 다시 한번 확인을 하자.

③

평가하기

부정적인 피드백에 감정을 섞지 말자

한국인들과는 다르게 서양인들은 안 좋은 이야기를 할 때 직설적인 어법으로 좋고 싫음을 명확하게 말한다. 반면, 한국인들은 최대한 상대방의 감정이 상하지 않게 돌려서 말한다. 이러한 차이 때문에 외국인 동료및 상사와 가장 많은 오해가 발생한다. 많은 한국인들이 유럽인들과 함께 일하면서 큰 충격과 오해가 생기는 일 중 하나가 그들의 직설적인 어법이다. 그들은 때와 장소를 가리지 않고 그 자리에서 직설적으로 피드백을 준다. 한국인들은 특히 안 좋은 이야기를 할 때면 체면을 생각해서 모두가 모인 자리에서 하지 않는다. 조용한 곳으로 불러서 단둘이 최

대한 기분 나쁘지 않게 돌려서 이야기한다. 때로는 안 좋은 이야기는 빼고 좋은 이야기만 할 때도 있다. 하지만, 놀랍게도 한국인들은 다 알아듣는다. 한국인들이 가지고 있는 놀라운 능력 중 하나다. 서양인들에게 이런 식으로 안 좋은 이야기를 전달하면 아무도 못 알아듣는다. 유럽인들에게는 모두가 모인 미팅에서 한 사람의 실수나 잘못을 바로 지적하는 것이 한국인들이 생각하는 것처럼 무례한 행동은 아니다. 영국 표현 중 "Throw under the bus(버스 밑으로 던지다)"라는 표현이 있다. 이 표현의 뜻은 부정적이거나 비판적인 말을 필터 없이 과감하게 할 때 쓰는 표현이다. 유럽인들도 인간이기 때문에 이런 방식으로 비판 받는 것을 좋아하지 않는다. 하지만 여기서 동서양의 차이점은 대부분 비판은 비판으로 끝난다는 것이다. 외국인들은 상사에게 이러한 비판을 받았다고 해서 감정적으로 '저 사람이 나를 싫어하는구나.'라고 생각하고 관계의 문제로 변환시키지 않는다. 내 경험상 이런 경우 한국인들은 대부분 관계의 문제로 전환시켜 그 외국인과의 관계를 화복하지 못하는 경우가 많았다. 물론 사무실에서 사람들끼리 문제가 있을 수 있다. 직장인들이 가장 많이 스트레스 받는 것이 인간관계다. 유럽인들이나 미국인들은 사무실 안에서 인간관계에 의한 문제가 생기면 사무실 안에서 해결하려고 한다. 반면 한국인들은 퇴근시간 이후 밖에서 관계를 풀어보려고 노력한다. 예전 유럽인 동료 중 한 명도 처음 한국에 파견 왔을 때 사무실에서 직원들 간에 문제가 생긴 일이 있었다. 그는 직원들 간의 문제를 해결해 보려고 그 둘을 회의실로 불러서 대화를 시작했는데 오히려 역효과가 났었다고 한다. 그는 외국인답게 그 직원들 간의 오해가 어디서 생겼는지를 분석하려고 했다. 하지만 한국 직원들은 마치 그 외국인 상사가 본인들을 어린아이들 야단치는 것처럼 받아들였다고 했다. 더 이상 두 명의 직원들 간의 문제가 아니라 본인과의 문제로 번져갔다. 문제의 본질에서 벗어나 새로운 문제로 발전하여 더욱 곤란한 상황에 처했다. 그가 나중에 깨달은 것은 그런 불편한 상황은 퇴근 후 소주를 마시면서 대화로 해결하는 게 훨씬 효과적이고 쉽게 해결할 수 있는 방법이라는 것이었다.

설득하기

이렇게 시작하라

그림 1

그림 2

여러분은 〈그림 1〉과 〈그림 2〉 중 행복을 표현한 그림이 어느 그림이

라고 생각하는가?

대부분 한국 사람들은 〈그림 1〉을 선택한다. 왜냐면 우리는 모두가 함께 웃으면서 사는 것이 중요하기 때문이다. 하지만 유럽인이나 미국인들은 〈그림 2〉를 선택한다. 한국인들 입장에서 보면 이기적으로 보일 수도 있다. 남들이야 어떻든 나만 잘 살면 된다라는 식으로 보인다. 하지만, 그들의 입장에서 보면 나의 행복은 나의 개인의 것이지 다른 사람과는 상관이 없는 것이다. 앞부분에서 예를 든 미국 오디션 리얼리티 쇼를 생각해 보면 쉽게 이해할 수 있다.

한국 사람들끼리 하는 말 중에 "한국말은 끝까지 들어봐야 안다"라고 말한다. 한국 사람들은 이야기를 시작할 때 서양인들보다 서론이 길다. 예전 초등학교 시절 교장 선생님의 훈화 말씀이 좋은 예인 것 같다. 훈화 말씀의 결론은 즉, 착한 어린이가 되어야 한다는 것이었다. 하지만 본론보다 서론이 길다 보니 1/3쯤 지나가면 앞줄에 서 있는 학생들은 딴 생각을 한다. 중간 줄이나 뒷줄에 서 있는 학생들은 떠들거나 장난을 쳤다. 햇빛이 쨍쨍한 날에는 가끔 쓰러지는 학생들도 있었다. 교장 선생님은 결론에 도달하기 위해 원리와 원칙을 길게 설명하셨다. 때론, 어린이들이 이해하기 어려운 공자와 맹자의 말씀도 인용했다. 가끔은 사회적 비판도 하시는 등 그 당신 어린 나와 상관없는 이야기를 듣다 보니 지루할 수밖에 없었다. 또한 결혼식 주례사도 마찬가지인 것 같다. 대부분 결혼식 후, 주례사를 기억하면서 나오는 하객은 적다. 그래서 시간만 길게 차지하고 모두가 지루해하는 주례사가 없는 결혼식도 최근 들어 많아졌다.

그럼, 왜 길까? 그건 한국 사람들은 원리원칙을 먼저 설명하기 때문이다. 원리원칙을 설명하기 위해선 근본부터 이야기를 시작해야 하기 때문에 말이 길어질 수밖에 없다. 또한 개인의 성향에 따라 매우 섬세하고 디테일하게 설명하는 사람도 있다.

프레젠테이션을 할 때도 마찬가지다. 결론에 앞서 문제의 해결점에 도달하기 위해 문제의 근본부터 설명을 시작한다. 그러다 보면 원치 않게 서론에 많은 시간을 사용할 수밖에 없다. 즉 중요한 결론을 듣기 위해서는 모두가 알고 있는 이야기를 인내심 있게 들어야 한다. 가끔 성미가 급한 외국인 상사나 동료가 "그래서 하고자 하는 말이 뭔가요?", "결론부터 말씀하시죠!"라는 이야기를 들으면 놀라는 사람들도 적지 않게 봤다. 심한 경우, 내성적인 사람이면 소심해져서 그 외국인 동료나 상사를 피하는 경우도 있다. 이것 또한 문화적 차이이다. 그러면, 외국 직원들이 프레젠테이션 하는 방법을 한번 살펴보자. 똑같이 문제가 왜 발생했는지에 대해 프레젠테이션을 한다고 가정하자. 외국인 직원들은 원리원칙보다는 핵심 문제점과 분석에 초점을 맞춰서 설명한다. 그리고 본인이 알고 있는 모든 리소스를 활용하여 문제의 해결책을 제안할 것이다. 또한 왜 그 해결책이 적절한지 설명할 것이다.

다른 예로 만일 한국 직원들이 본사에 승인을 얻기 위한 상황 설명자료를 만들어 보낼 때 많은 사람들이 어떻게 시작해야 할지 몰라서 어려워한다. 그때 가장 많이 물어보는 것이 탬플릿이 있냐는 것이다. 탬플릿이 있는 경우, 정해진 형식과 틀에 맞춰서 자료를 보내면 된다. 하지만, 정해진 탬플릿이 없으면 어디서부터 시작해야 할지 몰라서 자료가 방대해진다. 대부분 교장 선생님의 훈화 말씀처럼 원리원칙에 집중하여 너무 많은 자료를 작성하다 보니 외국인 상사나 동료를 설득해야 할 때 가끔 실패를 한다. 원리원칙을 응용하여 어떻게 해결책을 찾았는지에 좀 더 초점을 맞춰서 이야기해보자. 만일, 한국인 직원들이 볼 때 원리원칙에서 벗어난 해결책을 원하면 그때 자세히 설명을 해주면 된다. 시간이 돈인 비즈니스 상황에서 길게 설명하는 것보다 간결하게 해결책을 설명하는 것이 더 효율적이다.

5

팀 이끌기

수직 조직에서 수평하게 일하기

가끔 뉴스에서 스웨덴 대통령이 자전거를 타고 출퇴근하는 모습도 나오고 독일 총리가 슈퍼마켓에서 직접 장을 보는 모습도 나온다. 니콜라 사르코지 전 프랑스 대통령은 이혼 후 카를라 브루니 여사와 공개적으로 데이트하는 모습도 뉴스에서 보여줬다. 프랑스인들은 별로 신경 쓰지 않았다. 그건 대통령의 사생활이기 때문에 존중해주어야 한다는 여론이 많았다. 하지만 이런 모습은 우리에겐 매우 낯설었다. 우리 문화에서 대통령은 언제나 경호를 받으며 출퇴근하고 대통령 전속 요리사가 철저하게 검열된 식재료로 요리를 해준다. 또한 미혼의 대통령이 공개적인 데이트를 한다는 것은 상상할 수도 없는 일이다. 그럼 왜 이들은 우리와 다른 방식으로 행동을 할까?

예전부터 스칸디나비아 국가들 즉, 바이킹 국가들은 평등주의 문화를 바탕으로 이루어진 나라들이다. 이 말은 대통령도 우리와 같은 사람 중 하나이지 특별한 지배층이 아니라는 생각을 한다. 그저 그 사람의 현재 직업이 대통령일 뿐인 것이다. 영문 해석 그대로 무리 중 하나일 뿐인 것이다. 그렇기 때문에 대통령이 자전거로 출퇴근을 하거나 직접 장을 보거나 데이트를 하는 게 특별하지 않은 일상이다. 하지만 우리 문화는 계층적 사회여서 계급과 질서가 중요하다. 오래전부터 대기업들은 회사 직급 타이틀을 없애고 이름을 부르려는 노력을 오랫동안 하고 있지만 아직도 일부 기업에만 해당하는 이야기다. 일부 기업에서는 직급을 부르는 대신 '철수님', '영희님'처럼 이름 뒤에 '님'자를 부르는 경우가 많아지고 있다. 하지만 아직도 한국인들에게 수월한 것은 과장님, 부장님, 대리님 등 타이틀로 불러지는 게 더 익숙하다.

재미있는 것은 아무리 유럽과 미국 문화가 평등주의라 해도 직급이 높은 임원분들에게는 매우 깍듯이 행동한다. 내 경험상 유럽이 미국보다 조금 더 깍듯해 보였다. 예를 들어 임원이 회의실에 들어오면 다들 자세를 똑바로 하고 그와 눈을 맞추면서 인사를 한다. 그리고 외국에서도 상사가 퇴근 직전에 업무를 요청할 때가 있다. 아무리 금요일 오후 5시 퇴근 직전에 업무를 줘도 표가 예매되어 있는 비행기나 기차를 타야 하는 경우를 제외하고는 대부분 그가 퇴근 전에 달라고 하면 원하는 시간에 끝내고 퇴근한다. 하지만 지나친 한국식 의전은 외국인들을 불편하게 만든다. 가끔 한국인 직원들 중 수평과 수직을 올바르게 이해하지 못하는 경우가 있다. 예전에 젊은 사원급 직원이 회의시간에 책상 위에 다리를 올려놓고 회의를 하는 것을 봤다. 모여 있는 직원들이 불쾌해하는 모습이 명백했지만 그 누구도 자세를 바로 잡아달라는 이야기를 하지 않았다. 그 이유는 공개적인 자리에서 그 직원을 망신주고 싶지 않았기 때문이다. 잠시 후, 외국인 상사가 들어와서 그 직원에게 다리를 내리라고 이야기했다. 내가 봤을 때 이런 행동은 수직도 수평도 아닌 그냥 무례함인 것 같다.

6

결정하기

나의 결정이 회사의 미래를 결정한다

이 개념은 앞의 팀 이끌기와 약간 연계성이 있다. 쉽게 이야기해서 조직에서 어떠한 방식으로 결정을 내리는지에 대한 것이다. 개인적인 생각으로는 결정을 내리는 방식은 그 나라의 역사와도 관련이 있다고 생각한다. 유럽에서는 예를 들어 10명이 모여서 미팅을 할 때 직급을 막론하고 한 사람이 반대하는 경우 결정은 유보된다. 다시 미팅을 잡아서 보완된 자료를 가지고 회의해야 하기 때문에 결정을 내리는 데 시간이 상대적으로 많이 소유된다. 그 결정을 기다리고 있는 한국 사람들의 관점에서는 유럽인들은 일 처리 시간이 상대적으로 오래 걸린다고 생각한다. 차이점은 한국의 경우 모두가 반대해도 최종 결정권자의 결정을 모두들 따라야 한다. 왜 이런 차이가 있을까? 옛날 유럽 국가들은 작은 소도시 국가들이 뭉쳐서 하나의 커다란 국가로 통일했다. 소도시 국가들의 영주들은 왕이나 교황이 다스렸다. 영주의 성향과 능력에 따라 어떤 영주는 매우 부유하고 군사도 많이 거느릴 수가 있었다. 그렇기 때문에 왕의 결정권은 절대적이지 못했다. 또한 왕과 교황 역시 그 나라의 법과 교황청 법에 따라 명분 있는 결정을 내려야 모두의 동의를 구할 수 있었다. 때로는 본인의 목적을 위해 본인만의 룰(Rule)을 만들었던 왕도 있었다. 그 예로 영국의 헨리 8세의 이야기를 할 수 있다. 영국의 헨리 8세는 앤 블리와 결혼하기 위해 캐서린 왕비와 이혼을 합법화해야 했다. 그는 이혼을 불허하는 로마 교황청의 결정에 따르지 않기 위해 스스로 영국국교회를 설립하여 이혼을 합법화하였다. 이처럼 길이 없으면 길을 만드는 습성을 서양 문화권에서는 볼 수 있다. 이렇게 합의에 의해 결정하는 것이 민주주의의 바탕에도 깔려 있어 오늘날 많은 나라들이 투표로 나라의 운명을 결정한다. 동서양 모두 역사책에서 보면 개인의 목표를 이루기 위해 힘이 센 자들한테 잘 보이고 싶은 습성은 비슷하다. 그렇기 때문에 때로는 왕이 힘센 군주에게 로비를 하는 경우도 많았고 또한 군주들은 왕이 마음에 들지 않으면 서로 결탁하여 왕을 내쫓아버리는 일도 종종 있었다.

반면 우리나라 조선 시대 역사를 보면 임금은 계급층 피라미드 꼭대기에 앉아 있었다. 역사 드라마를 보면 임금의 결정에 반대하는 신하들 때문에 고뇌하는 임금의 모습도 종종 보지만 그래도 최종 결정은 임금이 하였다. 죄가 없어도 임금이 죽으라면 죽고 죄가 많아도 임금이 살려주고 싶으면 살았다. 때론 명분 없이 임금의 마음에 들지 않는다는 이유로 무리들을 모두 귀향을 보내는 명령도 한다.

자, 그럼 비즈니스 환경에서는 이런 모습이 어떻게 나타날까? 한국을 포함한 계층적 문화권에서는 상사에게서 모든 지시를 받는다. 문화를 막론하고 직장에서 일반적인 문제가 발생하면 상사에게 먼저 보고를 한다. 대부분 한국은 상사가 내려주는 지시에 따라 움직인다. 하지만 외국 드라마나 영화를 봐도 알겠지만 서양 문화에서는 상사가 직원들에게 대안이나 해결책을 물어본다. 보고한 사람은 상사가 동의하든 말든 그가 생각해낼 수 있는 최선의 대안이나 해결책을 이야기한다. 상황에 따라 그 대안이나 해결책을 채택할 수도 있고 상사가 다른 지시를 할 수도 있다. 아니면 그것을 응용한 새로운 해결책을 만들기도 한다. 이건 현실과 크게 다르지 않다. 반면, 글로벌 기업에서 일하는 한국 직원들은 문제가 생기면 상사가 해결책을 지시해주길 바라고 결정을 내려주길 바란다. 만일 상사에게 대안이나 해결책을 듣지 못할 경우, 상사의 리더십 문제로 부각되어 디렉션 없고 능력 없는 상사로 보여지는 경우가 많다. 하지만 반대로 외국인 상사 입장에서는 지시를 기다리는 한국 직원이 어떻게 보일까? 아마도 이 차이는 내가 함께 일했던 외국인 동료들에게 가장 많이 들었던 한국 직원들의 공통된 특성 중 하나다. 외국인 상사 입장에서는 대안과 해결책을 제시하지 않는 직원은 무능력한 사람으로 본다. 본인이 맡은 업무에 문제가 생겼다면 그 업무의 전문가는 본인이 아닌가. 그런데 대안과 해결책 없이 보고만 하고 있는 게 외국인 상사 입장에서는 이해하기 힘들다. 그는 그런 직원에 대해 다음번 인사고과 때 좋은 평가를 하지 않을 것이다. 반대로 한국인 직원은 본인에게 해결 방안을 물어보는 상사가 매우 무능력하다고 생각한다. 둘 다 서로 운이 좋아서 그 자리에 앉은 사람으로 보일 것이다.

그럼 이런 차이는 어디서 왔을까? 이건 식생활 문화를 봐도 알 수 있다. 아침식사를 생각해보자. 가수 김창완의 〈어머니와 고등어〉 노래 가사를 보면 그는 내일 아침식사 메뉴가 뭔지 모른다. 어머니 또한 뭘 먹고 싶은지 물어보시지도 않았다. 우연히 한밤중에 냉장고를 열어보니 소금에 절여진 고등어를 보고 내일 아침 메뉴가 고등어구이라는 것을 짐작해 알았다. 우리가 흔히 표현하는 집밥은 그냥 주는 대로 먹는 것이다. 하지만 미국이나 유럽의 아침을 보면 엄마가 등교하기 전에 아이를 보고 아침식사로 무엇을 먹을 것인지 물어본다. 아이는 토스트, 시리얼, 과일 등 본인이 먹고 싶은 것을 이야기한다. 반면 우리는 차려진 밥상을 받아먹는 문화다. 우리의 밥상은 다채로운 반찬으로 구성되어 있다. 일반적으로 고등어구이와 밥만 먹는 경우는 없다. 고깃집을 가도 손도 안 대는 기본 밑반찬이 몇 가지 나온다. 대부분 국이나 찌개도 같이 나오고 나물이나 밑반찬으로 구성되어 있다. 하지만 유럽이나 미국 문화권은 식사 메뉴가 뚜렷하다. 스테이크나 파스타를 먹으러 가면 가니쉬(Garnish)가 따라 나오지 않는다. 사이드 메뉴를 따로 오더하지 않는 한, 피자를 먹어도 한국에서처럼 알아서 주는 피클은 없다. 또한, 가니쉬(Garnish) 하나하나 다 돈을 받는다. 그래서 외국인들이 한국 밥상에 놀라움을 금치 못하는 이유 중 하나가 내가 시키지 않은 음식들이 마구 따라 나온다는 것이다. '말하지 않아도 주는 문화'와 '정확한 요구를 해야하는 문화' 간의 차이가 있는 것이다.

7

신뢰쌓기

신뢰의 시작을 이렇게 하라

모든 조직에서 상사와 동료들 간에 신뢰를 쌓는 것은 매우 중요하다. 한국 사회에서 관계는 곧 신뢰로 이어진다고 생각한다. 그래서 예전부터 학연, 지연, 혈연 등 처음 만난 사람과 관계성을 찾기 위해 연관된 무언가를 찾는다. 나의 경우에는 심지어 할머니의 성이 박 씨라고 하는 사람도 있었다. 그리고 처음 만난 사람과 친해지기 위해 선물을 하는 경우도 흔히 있다. 처음 입사하거나 해외 출장을 가는 한국 직원들이 처음 만날 외국 동료들의 선물을 챙겨서 가는 것을 흔히 봤다. 반면, 유럽이나 미국은 철저히 업무 중심적으로 신뢰를 쌓기 때문에 한국으로 출장을 온다

해도 선물을 가지고 오는 경우는 드물다. 유럽인들이나 미국인들은 철저히 그 사람의 업무 실력을 먼저 증명해 보여줘야 신뢰를 쌓는다.

2002년 한일 월드컵 당시 전해져 내려오는 히딩크 감독의 일화가 있다. 히딩크 감독이 처음 선수들 명단과 그들의 자료를 한국축구협회를 통해 받았다. 히딩크 감독이 기대했던 것은 선수들의 경기 기록에 대한 데이터나 스킬의 장단점이었다. 하지만 축구협회에서 건네준 자료는 출신 지역, 학교, 나이, 심지어 누구의 아들인지 등 선수들의 신상과 배경이었다고 한다. 그래서 다시 히딩크 감독이 선수들의 경기 기록에 대한 자료를 요청하자 왜 그런 자료가 필요한지 이해하지 못하고 어리둥절해했다고 한다. 그 후, 히딩크 감독은 그의 코칭 스태프들과 함께 직접 K-리그 경기를 참관하면서 선수들에 대한 데이터베이스를 만들고 분석하여 출전 선수 엔트리 리스트를 만들었다고 한다. 회사에서도 비슷한 경우가 종종 있다. 때론 몇몇 한국인 직원들이 새로 부임해온 외국인 상사의 아내와 아이들에게까지 선물하는 경우도 있고, 심지어 자신의 집에 초대해 집밥을 먹이는 경우도 봤다. 물론 이들이 단지 잘 보이려는 것만은 아니다. 관계 중심적인 한국 문화를 바탕으로 새로 온 상사와 잘 지내보고자 하는 마음이 더 컸을 것이다. 하지만 실력을 증명해보이지 않은 상태에서 그러한 노력은 상대적으로 효율이 떨어질 수도 있다. 이럴 때 외국인 상사들은 흔히 "○○은 매우 친절하고 좋은 사람이다. 하지만 □□에 대한 업무는 아직 부족하다."라고 말한다. 반면, 관계 중심적인 문화를 이해하지 못해 적응하기 힘들어하는 외국인 직원들은 한국에서 성과 내기가 힘들다. 한국인들이 아무리 친절해도 외국인들 입장에서 한국인 정서의 벽을 허물고 완벽하게 섞인다는 것은 쉽지 않다. 대부분 한국에서 성공하는 외국인들은 한국 사람들의 관계 지향적 문화를 잘 이해하고 받아들인 경우들이다.

⑧

의견 불일치

불편한 대립을 즐겨라

　매일 얼굴을 보며 함께 일하는 사람이 매번 내 의견에 반대를 하면 참 불편하고 스트레스받는 상황이다. 하지만, 때론 직장생활을 하면서 피할 수 없는 상황이기도 하다. 회의 시간에 의견이 대립될 때 유럽인들과 한국인들은 어떠한 차이가 있을까?

　본론부터 말하면 유럽인들은 마치 내일 안 볼 사람들처럼 강하게 대립하고 비판한다. 그들에게 남의 체면을 생각하는 개념은 없을 정도로 상대방의 귀가 빨개지도록 강하게 지적하고 비판한다. 말 그대로 팩폭이다. 심할 경우, 한국인이나 심지어 미국인들이 봐도 몸 둘 바를 모를 정도다. 하지만 그들은 대립이나 비판을 한국인들처럼 감정적으로 받아들이지 않는다. 해외 출장 중 한번은 독일인과 프랑스인 임원들이 의견 차이로 회의 중 말싸움 같은 토론을 한 적이 있다. 워낙 강도가 세서 아시아권 사람들은 서로 어쩔 줄 몰라 했다. 회의를 주관했던 유럽인도 그들의 얼굴만 쳐다보면서 회의를 이어나가려고 화제를 돌렸다. 하지만 그 독일인이 집요한 성격이어서 계속 말꼬투리를 잡아 화제를 원점으로 돌렸다. 그들이 싸웠던 이유는 미팅 전 독일인 임원이 요청한 내용을 프랑스인 임원이 이행하지 않았다는 이유였다. 프랑스인도 나름 할 말이 있었다. 그도 하기 싫어서 안 한 게 아니었다. 그 당시 프랑스인 임원은 중국 영업 총괄 임원이었다. 중국 역시 우리나라처럼 대리점 비즈니스 모델이어서 독일인이 원하는 대로 특정 몇몇 고객사들만을 대상으로 하는 영업 정책이 맞지 않아서 못하는 것이었다. 하지만 독일인은 이러한 다름에 대한 차이를 이해하려 들지 않았다. 그저 약속을 이행하지 않았다는 것에 대해 매우 열정적으로 불편한 심기를 공개적으로 보여줬다. 일본인 직원들과 한국인 직원들은 둘 중 누가 먼저 주먹을 날릴지 기다리고만 있었다. 그리고 아시아권 직원들은 그 둘은 다시는 서로 상종하지 않을 것이라고 굳게 믿었다. 또한, 둘 중 한 명은 미팅 후에 있을 저녁식사 자리에 참석하지 않을 것이라고 생각했었다. 하지만 주먹은 날아다니지 않았고 두 사람 모두 저녁식사 자리에 나왔다. 저녁식사 자리에 함께 옆자리에 앉아서 술을 마시는 모습에 아시아권 직원들은 모두 놀랐다. 하지만 곧 저녁식사 자리에서도 둘의 언쟁은 이어졌다. 여기서부터는 독일인 임원의 집요한 성격이 문제였다. 나중에 나는 프랑스인 임원에게 괜찮았냐고 슬쩍 물어보았다. 그는 입씨름을 오래 한 것은 좀 피곤한 일이었지만 언제나 있을 수 있는 일이라고 했다. 또한, 독일인 이야기도 일리는 있었다고 쿨하게 이야기했다. 언제쯤 누구의 주먹이 먼저 날아갈까 숨 죽여 쳐다보던 일본인 직원들과 한국인 직원들을 빼고 다른 유럽 직원들은 단지 둘의 언쟁이 너무 긴 시간을 잡아먹어 지루했다는 정도였다. 그리고 우리의 스케줄에 문제가 생긴 것 이외에는 별다른 걱정들을 하지 않았다.

이러한 토론 방식은 서양인들의 교육철학에서 나온다. 유럽과 미국 교육은 토론으로 시작한다. 시험 역시 본인 생각을 쓰는 에세이 형식의 시험이 흔하다. 학년이 올라갈수록 비판적이든 찬성이든 본인의 생각을 쓰는 시험의 횟수가 점점 많아진다. 선생님의 성향에 따라서 선생님과 다른 생각을 쓰는 학생에게 좀 더 많은 점수를 주는 선생님들도 있다. 수업 시간에 두 학생이 열띤 토론을 했다 하더라도 다음 날 점심도 같이 먹고 언제 그랬냐는 듯이 웃으면서 농담도 한다. 때로는 베프가 되는 경우도 흔하다. 즉, 감정적으로 받아들이는 성향이 한국 사람들보다는 훨씬 낮다는 것이다. 한국 사람들은 비즈니스 환경 속에서 되도록이면 대립되는 상황을 피한다. 사표를 내지 않는 한, 아무리 상대가 마음에 안 들어도 참는 게 미덕이라고 배웠다. 꼭 반대 의견을 내야 할 경우 최대한 부드럽게 그의 체면을 생각해서 좋은 점 위주로만 이야기하다가 끝에 몇 마디 하고 만다. 사람의 성향에 따라 다르겠지만 위에서처럼 많은 사람들이 모여 있는 회의 시간에는 아무리 미워도 내일 안 볼 사람처럼 논쟁을 버리는 사람은 드물다. 특히 임원급들끼리는 서로 조심스럽게 이야기하고 주로 회의 도중에는 찬성도 반대도 하지 않고 나온다. 퇴근 후 단둘이 소주 한잔하면서 그때 서로의 의견에 대한 진정한 토론을 한다.

내가 부장이었을 때 일이다. 한번은 회의 중 타 부서 직원의 아이디어가 좋아서 난 그의 아이디어를 지지해 주었다. 하지만 우리 부서 직원 중 한 명이 "왜 그 일을 내가 같이 해야 하죠?"라고 강한 어조로 상대방 부서에게 반대 의견을 이야기했다. 그 직원은 원래는 정도 많고, 착하고, 좋은 사람인데 목소리와 덩치가 크다 보니 강한 어조로 이야기할 때면 종종 오해를 받기도 했다. 요즘말로 츤데레 스타일이었다. 당시 타 부서 직원들은 조용히 아무 말 없이 입을 꾹 다물고 얼굴이 빨개져서 앉아 있었다. 결론적으로 회의는 내가 동의해 줘서 타 부서 직원의 아이디어를 실현시키는 것으로 마무리되었다. 미팅 직후 타 부서 직원들은 야외에서 담배를 피우며 우리 부서 직원의 뒷담화를 매우 적나라하게 했다는 후문이 들려왔다. 한국 사람들의 특성대로 앞에서는 되도록 나쁜 이야기를 하지 않고 뒤에서 그들의 감정과 생각을 드러냈다. 얼마 후, 강한 어조로 이야기한 직원은 이직했다.

스케줄링

시간 약속을 잘 지켜라

내가 어렸던 70, 80년대만 해도 '코리언 타임'이라고 해서 회의나 행사가 정시에 시작하지 않았다. 그 당시만 해도 교통수단이 지금처럼 다양하지도 않았고 도로 사정도 좋지 않아서 늦게 오는 사람들을 고려한다는 이유로 대부분의 행사를 정해진 시간보다 늦게 시작했다. 또한 행사 주체자의 준비 시간 등 각종 이유로 15분에서 대부분 30분씩 늦게 시작하는 경우도 많았다. 그래서 사람들은 늦는 것에 대한 불안함이나 초조함이 요즘 같지는 않았던 것 같다. 또한 기다리는 것도 흔한 일이었다.

내가 어린이었던 시절 아버지가 호텔에서 하는 어린이날 행사에 데려가주신 적이 있었다. 나는 어린 마음에 신이 나서 빨리 가려고 아침 일찍 일어나서 준비를 했다. 점심을 먹으면서 뽀빠이 이상용 아저씨가 사회를 보고 어린이들과 함께 게임도 하면서 선물도 받는 행사였다. 아버지는 여유 있게 준비하시면서 정시에 시작하지 않는다고 내게 가는 내내 이야기해 주셨다. 내가 하도 재촉하는 바람에 어느 정도 정시 비슷한 무렵에 호텔에 도착했지만 도착해 보니 정말로 행사는 시작 전이었다. 심지어 무대 세팅도 끝나지 않았었다. 행사는 30분 후가 되어서 시작했다. 이것은 그 당시 흔히 말하던 코리안 타임이었다. 내 기억으로는 그 당시 이런 문화를 없애려고 TV에서는 '시간을 잘 지키자'라는 캠페인을 했었다. 하지만 지금 한국 사람들은 시간을 엄격히 엄수한다. 심지어 버스 시간도 매우 정확하다. 유럽 국가와 미국도 마찬가지로 매우 정확하게 시간을 지킨다. 유럽 국가들은 산업혁명을 거치면서 기계와 기술이 발달함에 따라 시간을 정확히 지키는 것이 우리보다 먼저 자리를 잡았다. 하지만 아직도 몇몇 나라는 유동적인 스케줄이 허용되는 것 같다. 그렇기 때문에 외국 출장 가기 전 그 나라의 문화를 최대한 이해하고 가면 당황스럽지 않을 것이다.

또 한 가지 유념해야 할 것은 개인의 성향이나 성격을 문화와 혼돈하면 안 된다. 누구를 만나서 어떠한 경험을 했는지에 따라 성격과 문화를 헷갈리는 경우가 종종 있다. 앞부분에 소개한 기차에서 만난 독일 아저씨처럼 말이다. 우리나라 김치도 집집마다 맛이 다 다르다. 그렇기 때문에 우리 집 김치 맛이 진정한 김치 맛이라고 할 수는 없지만 김치임에는 부정할 수 없는 사실이다. 유럽인이라고 해도 모두가 무뚝뚝하지 않고 한국인이라고 모두 정이 많은 것도 아니다. 혹시, 지금 여러분의 외국인 상사나 동료가 나와 잘 안 맞는다고 해서 특정 나라 사람들의 성향이라고 일반화하지 않았으면 좋겠다. 우리가 알기로는 덴마크 사람들이 행복지수가 평균적으로 높다고들 한다. 하지만 내가 아는 덴마크인 엄마의 삶은 우리가 아는 행복과는 거리가 멀었다. 가정에는 관심도 없고 이기적이면서 바람까지 피우는 남편. 케어해야 하는 어린 세 자녀 중 한 명은 아팠고, 멀리 한국에서의 타향살이는 남편이 생활비를 제때 주지 않아 경제적으로 어려움까지 겪었다. 그녀를 만날 때마다 웃는 얼굴보다는 우는 모습을 볼 때가 더 많았다. 몇 년 후 그녀는 남편의 임기가 끝나서 다시 덴마크로 돌아갔다. 그녀는 생각보다 강한 여자여서 끊임없이 자신의 행복을 위해 지금도 매일 노력하고 있다. 난 그녀를 보면서 느낀 게 있다. 행복은 철저히 개인의 상황에 따라 본인 노력으로 만드는 것이지 어디에 소속되었냐에 따라 일반화할 수 없다는 것이다. 즉, 내 삶을 어떠한 의지를 가지고 내가 만들어가면서 사는 게 중요하다는 생각을 했다. 그렇기 때문에 문화적 인지를 소수의 몇 명을 통해 겪은 경험을 바탕으로 일반화해서는 안 된다.

여행과 독서

나는 개인적으로 여행을 많이 하는 것을 추천한다. 젊은이들이라면 여행사에서 파는 외국 패키지여행은 가지 않을 것이라고 생각한다. 패키지여행으로 외국을 가면 현지인들과 접촉할 수 있는 기회가 매우 한정적이다. 그래서 친한 친구 1-3명 혹은 혼자서 본인만의 스케줄을 짜서 가는 여행을 추천한다. 가기 전 여행할 나라에 대해 책을 많이 읽었으면 한다. 그러면 현지에서 다양한 것들이 눈에 들어오고 현지인들을 만나서 질문할 것도 많이 생긴다. 그렇게 관찰하면서 다니는 여행은 나를 문화적으로 풍성하게 만들어준다. 유럽인이나 미국인들은 여행자에게 매우 너그럽다. 그리고 모르는 사람들과 이야기하는 것을 즐기기 때문에 영어를 잘 못해도 오픈 마인드로 다가가면 쉽게 이야기할 수 있다. 여태까지 그 많은 돈을 영어학원에 들였으니 본격적으로 여행 가서 연습하는 것을 추천한다. 내 주위에 유학을 다녀오지 않았어도 영어를 잘하는 사람들이 많다. 그들은 매우 성공적으로 글로벌 기업에서 임원으로 일한다. 그들의 공통적인 이야기들은 업무에 대한 이야기를 할 때는 막힘없이 이야기할 수 있는데 저녁식사나 회사의 파티 모임에 갔을 때 어떤 이야기를 해야 할지 모르겠다고 한다. 오히려 그런 사적인 자리에서 조용히 있다가 오거나 그냥 웃기만 하다가 오는 경우가 많다고 했다. 이 책을 읽는 많은 젊은이들도 언젠가는 어느 글로벌 회사의 임원이 되는 날이 올 것이다. 이렇게 사교적인 자리에서도 재치 있는 사회성을 보여주기 위해서라도 여행 도중 친구들하고만 이야기하지 말고 여행 중 만나는 외국인들과 이야기를 해보는 것을 연습했으면 좋겠다.

또한 그 나라 전통음식도 먹어보고 박물관에 가서 역사를 보는 것도 중요하다고 생각한다. 음식도 문화의 일부이기 때문에 연관성이 많다. 왜 쌀이 아닌 밀이 주식이 되었는지, 유럽인들은 감자 요리를 많이 먹는데 왜 그런지, 어떻게 요리해 먹는지, 나라마다 빵맛과 형태가 왜 다른지 등등 알아보면서 여행하면 훨씬 재미있다. 또한, 역사는 그 나라의 문화를 이해시켜주는 중요한 요소 중 하나다. 꼭 사전에 역사 유적지와 박물관에 대한 공부를 하고 투어를 해보길 바란다. 박물관에서 제일 유명한 작품이나 유적의 인증샷도 중요하지만 천천히 둘러보면서 다름을 이해했으면 한다.

내가 독일에서 첫 겨울을 맞이했을 때 알 수 없는 우울감에 사로잡혔다. 나는 본래 성격이 매우 외향적이고 밝은 편이어서 우울할 때는 모두가 이해할 만한 명백한 이유가 있다. 하지만 나도 내가 왜 우울한지 이해가 되지 않았다. 하루는 멕시코에서 온 직장 동료에게 내 우울한 상태를 이야기했다. 그러자 그 직원이 독일의 날씨 탓이라는 거다. 독일은 겨울이 되면 해가 엄청 빨리 져서 비타민D 부족으로 우울해진다고 했다. 본인도 처음 독일에 왔을 때 몇 년 동안 똑같이 겨울이 되면 우울했다고 한다. 독일은 겨울에 오후 4시만 되어도 한국의 밤 9시처럼 컴컴하다. 그들은 사람들이 모여 사는 도시나 마을이 아니면 야생동물을 보호하기 위해 도로에 가로등도 없었다. 퇴근할 6시 무렵에는 정말 칠흑 같은 어둠속에서 퇴근을 했다. 난 멕시코 직원의 말을 약간 의심을 했다. 정말 겨울에 해가 빨리 져서 그럴까? 그렇다. 12월에 한국에 잠깐 나왔는데 멕시코 직원의 말이 맞았다. 한국은 한겨울이라도 낮에는 기분 좋게 해가 쨍쨍하게 난다. 날씨가 추울수록 해는 더욱 쨍쨍하다. 그래서 우울하기는커녕 옷을 따뜻하게 입고 밖으로 나가는 것이 두렵지 않다. 당연히 한국도 겨울에는 해가 일찍 지지만 특히 서울의 거리는 늦은 겨울밤이라도 환한 가로등과 가게 안에서 흘러나오는 나오는 불빛으로 캄캄하지 않다. 나중에 안 사실인데 독일 의사들은 겨울철에 비타민D를 먹도록 권장한다. 내 주위 이웃들이 농담으로 독일인은 겨울에 제일 행복하고 친절할 때는 12월 1일부터 크리스마스 때까지라고 한다. 크리스마스가 끝나면 다시 무표정한 상태로 돌아가서 웃지 않는다고 크리스마스 시즌 때 웃으면서 농담했다. 다들 잘 아시다시피 독일의 크리스마스 마켓은 매우 재미있고 즐길 거리도 많다. 남녀노소를 막론하고 모두들 즐겁게 추운 길거리에서 3주 정도 어른들은 따듯한 와인(Gluewein)을, 아이들은 핫초코를 마신다. 마을에 따라 여러 가지 전통 놀이도 남녀노소 함께 즐길 수 있고 크리스마스 음식도 사먹고 소품도 산다. 이처럼 지형적인 영향도 그 나라를 이야기해 준다.

그럼 한국 사람들과 함께 일해야 하는 유럽인들은 어떠한 마음으로 한국에서 시작할까?

한국 지사에 발령 받아오거나 출장을 나오는 유럽인들은 일단 모두들 매우 조심스럽다. 일단 한국을 잘 모르고 그들 역시, 한국인들과 잘 지내고 싶은 마음은 우리가 그들과 잘 지내고 싶은 마음과 똑같다. 그렇기 때문에 일부는 오기 전에 한국에 대해 나름 많은 공부를 하고 온다. 그들도 문화가 매우 다르다는 것은 어느 정도 알고 있다. 하지만 그들도 한국인들에게 어떻게 다가가야 하는지 잘 모르기 때문에 매우 조심스럽다. 책에서만 배운 문화의 차이는 실전과 많이 다르다. 유럽인들이 한국 사람을 비롯해 동양인들과 함께 일할때는 매우 조심스럽다고 한다. 혹시 본인이 실수해서 상대방을 불쾌하게 만들까 봐 제일 걱정된다고 한다. 그런데 어떠한 행동을 해도 되고 하면 안 되는지 몰라서 더욱 조심스럽다고 한다. 나를 처음 만난 유럽인들도 두 가지 유형으로 나뉘었다. 첫 번째는 매우 조심스럽게 나를 대하면서 어쩔 줄 몰라 하는 유형이다. 또 하나는 그냥 유럽 스타일로 아무렇지 않게 나를 대한다. 둘의 공통점은 업무를 할 때보다는 업무시간 외에 뚜렷이 나타났다. 대부분 같은 여성들끼리는 조심스럽게 다가왔다가도 곧 스스럼없이 잘 지냈다. 하지만 남자들은 어쩔 줄 몰라 하면서 편해질 때까지 조금 더 오래 걸렸던 것 같다. 아무래도 여성들끼리는 육아 이야기를 하면서 쉽게 친해졌다. 어떤 유럽 남성들은 유럽식 인사를 나누는 것이 나를 불쾌하게 만들까 봐 매우 신경 쓰인다고 했다. 한국에 파견 나온 외국인들은 본인들이 일단 한국 문화를 모른다는 것을 잘 알고 있다. 그렇기 때문에 우리가 느끼기에 불편한 행동을 한다면 꼭 이야기해 줘야 한다. 예전 한국에서 근무하던 외국인 동료는 젊은 직원들이 훨씬 영어를 잘한다는 이유로 아무 생각 없이 젊은 직원들과 자주 어울려 이야기했다고 한다. 하지만 그러다 다른 직원들의 오해를 받았다. 젊은 직원들과의 잦은 소통이 그 직원들의 상사들에게는 매우 언짢게 보였던 것이다. 한국의 계층적 문화를 이해한 후 그는 그런 행동을 멈췄다. 그 후 그는 특별한 일이 아닌 경우 젊은 직원들과의 소통 횟수를 줄였다고 한다. 그는 본인의 무지함을 깨우쳐준 한국 직원들에게 감사해했다.

3부

좌충우돌 글로벌 직장인의 하루, 뭐가 문제일까?

이제 외국계 글로벌 기업 직장인의 하루를 경험해 보자. 같은 일상이라도 앞의 설명을 토대로 서양과 한국 문화의 차이점을 생각하면서 읽으면 흥미로울 것이다. 아마도 그동안 생각하지 못했던 부분이 보일 수도 있을 것이다. 오해는 평범한 일상 속에서 궁금증이 명확하게 해결되지 않거나 추측에 의해 조금씩 쌓이기 시작한다. 물론, 나의 취지는 한쪽이 잘못됐고 다른 한쪽이 옳다는 것은 절대 아니다. 직장인들의 일상적인 생활 속에서 문화적 다름에 의해 발생하는 오해와 편견을 양쪽의 입장에서 생각해 보자는 취지다.

9:00

모닝커피 마시는 게 이럴 일이야?

대한민국 직장인들은 아침 9:00까지 출근해서 회사 업무를 시작한다. 그럼 한국인들과 외국인들의 하루 시작이 어떻게 다른지 한번 살펴보자.

모닝커피

한국 직장인들은 출근 후 자기 자리에 앉아 컴퓨터를 켜고 자리를 정돈한다. 그리고, 커피 한잔을 사러 간다. 외부 커피숍에 혼자 사러 가는 경우도 있지만, 대부분 옆 사람이나 친한 사람과 함께 삼삼오오 짝을 지어 나가는 경우가 흔하다. 회사 안에 탕비실이 있는 경우도 있지만 외부 커피숍으로 사러 나가는 경우가 많다. 삼삼오오 짝을 지어 갔을 경우, 사적인 이야기부터 업무적인 이야기까지 한다. 흡연자들은 커피를 마시면서 사무실 안으로 들어오기 전에 함께 모여 흡연도 하고 돌아온다. 심지어 지나가는 동료를 불러서 같이 핀다. 대부분 적게는 20분에서 길게는 40분까지 걸리는 경우가 있다. 한국 사회는 관계 지향적이고 집단 문화 사회이다 보니 함께 커피를 사러 갔던 사람과 이야기를 나누면서 지속적으로 관계를 쌓아나간다.

반면 외국인들도 한국인들처럼 커피와 함께 사무실에서의 하루를 시작한다. 대부분 사무실 안에 탕비실이 있는 경우 탕비실에 커피를 가지러 간다. 하지만 여기서의 차이점은 커피를 가지러 가는 행동이 매우 개인적인 행동이라는 것이다. 때문에 동료에게 같이 가자는 말은 거의 하지 않는다. 물론 말할 때도 있지만 한국 사회처럼 루틴하게 함께 삼삼오오 짝을 지어 간다든가, 가기 전에 선배나 동료에게 예의상 같이 가자고 물어본다든가, 두 명이 팀 전체의 커피를 주문 받아 사러 나가는 일은 없다.

탕비실에서 친한 동료를 만나거나 상사를 만나도 대화는 아무리 길어야 평균 2~3분을 넘기지 않는다. 길게 할 이야기가 있을 경우에는 점심 식사를 같이 하자든가 나중에 약속을 따로 잡아 만난다. 특히, 아침에 사무실에 한번 들어오면 커피를 사러 밖으로 나가는 경우는 매우 드물다. 물론, 유럽이나 미국의 지역 특성상 한국처럼 반경 50미터 안에 커피숍이 있는 경우가 드물다. 하지만 빌딩이 다닥다닥 붙어 있는 뉴욕시에 있는 사무실도 탕비실이 없는 경우에는 출근길에 커피를 준비한다. 일단, 가방을 놓고 컴퓨터를 켠 후에는 커피를 사러 나가지 않는다. 출근을 하면 바로 업무에 들어간다. 아이를 학교나 유치원에 데려다 주지 않을 때에는 대부분 일찍 여유 있게 출근한다. 유럽과 미국 문화는 업무 지향적인 문화이기 때문에 출근 후에는 동료들과 함께 사적인 무언가를 하지 않는다. 출근할 때 엘리베이터 앞에서 또는 주차장에서 동료를 만나 대화를 하면서 걸어오는 경우를 빼고는 일단 사무실에 도착하면 사적인 대화를 오래 하는 것을 별로 좋아하지 않고 바로 업무를 시작한다.

흡연 문화

흡연을 하는 한국 직장인들은 아침에 동료들과 함께 나가서 담배를 피운다. 간혹 비흡연자도 같이 따라 나가 흡연자들 무리 속에서 대화를 하는 경우도 있다. 팀 전체가 흡연을 할 경우 모두가 함께 몰려 나가는 일도 있다. 물론 한국 사람들은 담배를 피우면서 업무 이야기를 많이 한다. 어떤 이들은 흡연은 업무의 연장이므로 흡연을 하면서 계속 업무에 대한 토론을 한다고 한다. 그러다 보니 흡연 시, 중요한 결정을 내릴 때도 있다고 한다. 물론 모두가 그렇다는 이야기는 아니다. 하지만, 이런 이야기를 유럽인이나 미국인들은 이해하지 못한다. 왜냐면 유럽인들은 무리를 지어 흡연을 하러 나가지 않기 때문이다. 또한, 모두의 합의가 중요한 유럽인들에게는 비흡연자들의 생각은 그 결정에 반영되지 않았기 때문이다.

흡연은 유럽과 미국 문화권에서는 매우 개인적인 행동이다. 물론 그들도 업무 중 흡연을 하러 나가는 사람들이 있다. 유럽은 미국에 비해 흡연자가 훨씬 많다. 대부분 그들은 조용히 혼자 나가서 담배를 피우고 들어온다. 그렇기 때문에 자리를 비우는 시간도 매우 짧다. 한국 직장인들처럼 동료와 함께 나가서 흡연하자는 제안은 하지 않는다. 흡연 장소에서 친한 동료를 우연히 만날 수는 있다. 만났어도 본인 흡연이 끝났으면 상대방을 기다리지 않고 바로 사무실로 돌아가서 업무를 한다. 유럽과 미국 문화권은 개인의 시간을 빼앗는 것에 대해 매우 민감하다. 내가 동료에게 담배를 피우러 나가자고 했을 때 그 동료 업무에 피해준다고 생각한다. 그린 제안을 받았을 때 사람에 따라서 매우 불쾌해 하는 사람도 있다. 심하게 표현하면 본인의 집중을 깨뜨렸다고 생각하는 사람도 있고 왜 같이 피우러 가자고 하는지 이해하지 못하는 경우도 있다. 이런 문화적 차이를 모르고 한국 직원들 중 외국 직원에게 함께 담배를 피우러 나가자고 했다가 거절을 당하는 경우를 봤다. 그럴 경우, 그 한국 직원들은 매우 감정적으로 받아들여 기분을 상해한다.

한국 문화를 잘 모르는 외국인 상사 입장에서 팀 전체가 아침에 우르르 몰려나가 함께 담배도 피우고 커피도 마시는 광경을 목격한다. 사람의 성향에 따라 정도의 차이가 있을 수 있겠지만 이해하기가 쉽지는 않을 것이고 때론 유쾌하게 받아들이지 않을 것이다. 무슨 일로 함께 우르르 나갔다 오는 것인지? 혹시 나만 모르게 화재경보가 울렸던 건지? 때로는 팀장을 불러서 이런 행동을 멈춰 달라고 이야기할 수도 있다. 그럴 때 팀장이 취해야 할 행동은 두 가지인 것 같다. 첫째는 외국인 상사에게 한국의 집단 문화를 잘 이해시켜주어야 한다. 둘째로는 한국인 직원들에게도 최대한 무리를 지어 담배 피우러 나가는 행동을 자제해 달라고 이야기해야 한다. 이런 설명을 듣는 외국인들 중 받아들이는 사람도 있겠지만 그래도 모두가 함께 나가서 30분씩 자리를 비우는 것을 좋게 생각하는 사람은 없을 수도 있다. 가끔 팀장이 알겠다고 이야기하거나 아무 대답 없이 있다가 다시 외국인 상사가 목격해서 난처한 상황이 될 수도 있다. 꼭 명심해야 하는 것은 유럽과 미국은 업무 지향적인 문화다. 그렇기 때문에 솔직히 말해 회사에 출근을 하면 일을 해야지 몰려다니면서 커피 마시고 담배를 피우는 것은 업무와 동떨어진 행동으로 받아들인다.

유럽인들과 미국인들도 사람인지라 인정이 없는 것은 절대 아니다. 그들 역시 그들의 시간과 개인의 삶을 존중받고 싶어 한다. 개개인의 사정은 다르지만 대부분 어린 자녀가 있는 경우, 유치원이나 학교가 끝나는 시간에 맞춰서 아이를 픽업해야 한다. 그렇기 때문에 사무실에 있는 시간에는 최대한 많은 일을 끝내야 한다. 안 그러면 집에서 아이를 재워놓고 다시 일을 해야 마감날짜에 맞춰서 업무를 끝낼 수 있다. 그래서 사무실에 들어오는 순간부터 퇴근하는 순간까지 업무에 집중해서 일한다.

이메일 체크

자, 이제 커피를 가져왔으니 간밤에 들어온 이메일을 체크하는 중이다. 잠시 후 오전 10:00시에는 팀 미팅이 있을 예정이다. 글로벌 회사에서 상사에게 흔히 받는 이메일 중 하나가 팀원들의 의견을 물어보는 이메일이다. 간혹 이런 이메일을 받으면 한국 사람들 대부분은 즉흥적으로 본인의 의견을 보내지 못한다.

예를 들어 새로 오신 프랑스 출신 영업부 임원이 영업팀 전체에게 이런 이메일을 보냈다.

*안녕하세요 여러분.

지난번 고객사 물류창고의 화재로 인해 영업 1팀이 이번 분기 매출 목표를 못 맞출 것 같네요. 하지만 회사 전체 매출을 달성하는 것이 중요하니 영업 2팀에서 추가적으로 매출을 더 해주었으면 합니다. 물론 추가 매출에 대한 지원은 충분히 해 드리겠습니다.

질문이 있으시면 언제든지 메일 주시기 바랍니다.

이메일은 짧고 간결하다. 당연히 영업 2팀도 이번 쿼터 매출을 맞추기 위해 모두들 야근을 하면서 겨우 맞췄다. 이런 경우 대부분 한국 사람들은 영업 1팀이건 2팀이건 모두 조용히 있다. 마치 학교에서 선생님이 질문을 하면 아무도 선생님과 눈을 마주치려고 하지 않는 것처럼. 아무도 그 메일에 답을 보내지 않는다. 만일 영업 2팀에 외향적인 성격을 가진 중간급 팀장이 있을 경우 돌려서 어렵겠다는 답변을 보낼 수도 있다. 하지만 이 행위도 부장님과 상의 후 보내지 독단적으로 보내는 경우는 드물다. 왜냐면 계층적 문화에서 살아온 한국 사람은 서열의 중요성을 알기 때문이다. 내 상사와 상의되지 않은 의견을 내 마음대로 상사의 상사에게 보내지 않는다. 나중에 부장님이 아시면 본인과 상의하지 않은 것에 대해 언짢게 생각하는 경우도 많이 있다. 또한, 한국 사회에서 상사에게 부정적인 답을 메일로 보내는 사람은 드물다. 대부분 만나서 이야기하기를 선호한다. 반면 긍정적인 답변은 보다 쉽게 보낸다. 한국 문화는 나쁜 이야기일수록 최대한 돌려서 충격을 완화할 수 있게 말하면 상대방이 눈치껏 알아듣는다.

그럼 유럽과 미국 문화권은 어떻게 행동할까? 평등주의 문화에서 토론 교육을 받은 북유럽인들은 아무렇지 않게 본인의 의견을 직급과 상관없이 메일로 보낸다. 아무리 주니어급 직원이라도 본인의 고객사 상황을 이야기하고 가능한지 불가능한지를 답변할 것이다. 북유럽인들은 유교를 바탕으로 한 계층적 문화에서 오는 오묘하면서 애매한 상황을 모른다. 그들은 상사도 나와 같다는 생각이 일차원적으로 깔려 있기 때문에 한국인들이 상사에게 하는 행동을 매우 신기하게 바라본다. 만일 유럽인들이라면 이렇게 답변을 했을 것이다.

*안녕하세요.

지금 우리 영업 2팀에 시급한 것은 추가 매출이 아니라 이번 달 목표 매출 달성을 위해 물건이 제때 들어올 수 있는지 체크하는 문제입니다. 3일 전에 구매부에서 물건 운송 일자에 변동이 예상된다는 이메일을 받았습니다. 이것에 대해 10시에 있을 팀 미팅에서 심도 있게 대안을 마련하는 이야기를 했으면 합니다.

감사합니다.

이렇게 그들은 좀 더 현실적인 문제를 제안할 것이다. 사람마다 의견 차이는 있지만 내 경험 상 미국 문화권 사람들은 북유럽만큼의 평등주의 문화는 아니다. 하지만 상황과 눈치를 보면서 본인의 의견을 조심스럽게 이야기한다. 눈치가 빠른 미국인이면 못 한다는 이야기보다는 돌려서 다르게 말할 것 같다.

*안녕하세요.

지난주 제 고객사 인보이스 처리가 잘못된 것이 아직도 처리가 되고 있지 않습니다. 회계팀과 미팅을 잡았는데 전산 문제라고 하니 언제 해결될지 모르겠습니다.

감사합니다.

이렇게 이야기를 하면서 화제를 돌릴 것이다. 미국 사람들도 이런 상황에서 눈치를 보면서 답을 안 하는 사람들도 있다. 내 경험상 미국인들은 상황에 맞게 눈치껏 본인의 처신을 잘하는 것 같다.

반면 이럴 때 아무 말 없는 한국인을 보는 프랑스인 임원은 무슨 생각을 할까? 그도 아무 답이 없는 한국인의 생각이 궁금할 것이다. 한국인들은 본인의 의견을 이야기하는 교육을 상대적으로 적게 받았다. 일부 한국 사람들은 상사로부터 지탄받을 것을 미리 두려워한다. 한국 교육은 언제나 정답을 요구하는 교육이다. 그래서 상사 생각에 정답이 아니라고 판단되면 난처한 경우를 겪을 수도 있다. 하지만 이런 문화를 모르는 프랑스인 임원은 한국인의 참여도가 낮다고 오해할 것이다. 유럽과 미국 문화에서 참여도는 주관자에 대한 존경을 표시한다. 그 사람의 말을 무시하지 않고 경청하면서 의견을 내는 것은 주관자를 인정하는 것이다 (Tuleja, 2022).

앞에서 이야기한 것처럼 유럽과 미국 교육 문화는 토론을 바탕으로 한 문화다. 이메일 역시 또 하나의 커뮤니케이션 즉, 토론하는 툴이기도 하다. 그래서 외국인들은 때론 한 가지 질문으로 여러 명이서 하루 종일 이메일 체인으로 토론하는 경우가 있다.

한국 사람들은 많은 사람들 앞에서 개인적인 의견을 잘 말하지 않으려 한다. 미팅 시 의견을 내지 않고 개인적으로 질문자를 찾아가서 이야기하는 것을 좀 더 편안하게 생각한다. 외국인들을 포함하여 여러 명이 함께 회의를 할 때 본인의 의견을 대략적으로 이야기해 놓는다. 그 후, 회의가 끝나고 질문자를 찾아가 본인의 의견을 다시 설명하거나 세부 사항을 말한다. 대부분의 사람들이 영어를 네이티브처럼 못해서 그렇다고 이유를 댄다. 하지만 글로벌 직장인일수록 용기를 내어야 한다. 솔직히 유럽인들도 영어를 네이티브처럼 하는 사람이 생각처럼 많지 않다. 대부분의 유럽인들도 영어가 세컨드 랭귀지이지 본인들의 모국어는 아니다. 다만 우리나라와 달리 학창 시절 동안 영어 사용도가 훨씬 높을 뿐이다. 네이티브 영어 사용자인 미국인들과 영국인들도 서로의 문화를 몰라서 오해하는 경우가 있다. 또한 같은 영국인들끼리도 사투리 때문에 못 알아듣는 경우가 매우 흔하다. 예전 직장 동료 L씨가 영국에서 3개월 파견 근무를 한 적이 있었다. 같은 영국인들끼리 서로의 영어 사투리를 못 알아들어서 계속 서로 확인하는 것이 의아했다고 한다. 또한 유럽이나 미국학교에서는 수업시간 동안 참여도에 대한 점수를 많이 부여해준다. 수업시간에 참여하려면 선생님이 내준 숙제를 전날 밤 읽어오지 않으면 토론에 참여하기 어렵다. 아무리 수업 준비를 전날 밤 다 했어도 수업시간 동안 토론에 참여하지 않으면 결석한 학생보다 못하다. 선생님은 이 학생이 내 수업에 관심이 없기 때문에 준비도 안 해온다고 생각한다. 그렇기 때문에 최소한 질문을 받으면 적극적으로 본인의 의견을 이야기하는 것이 나의 진정성을 보여줄 수 있는 기회이다. 더 나아가 이러한 기회를 통해 상사와의 신뢰를 쌓을 수 있다. 최악의 경우 그냥 월급만 받으러 나오는 사람으로 간주되어 많은 기회를 박탈당할 수 있다.

대부분 한국 사람들은 인사할 때 따뜻하게 안부를 먼저 주고받는다. 식사는 하셨는지, 어젯밤에 잘 들어갔는지, 날씨가 춥거나 덥다든지, 출근은 잘했는지 등등…. 솔직히 이런 인사는 유럽이나 미국 문화권에서 전날 밤 함께 과음을 했을 경우를 빼고는 평상시에 잘 하지 않는 인사다. 약간의 과장을 더해 옛날 한국 편지에는 본론으로 들어가기 전, 인사가 전체 편지의 1/3을 차지했다고 한다. 하지만 현대 사회에서는 그렇게 지나치게 긴 인사를 하지는 않는다. 그래도 간혹 보면 유럽과 미국 문화권보다 몇 줄 더 첫인사를 쓰고 마지막 인사도 정중히 한다. 이런 인사 예절을 유럽인들이 미국인들이 볼 때 한국인들이 매우 스윗(Sweet)하고 예의 바르다고 느낀다. 유럽인들은 한국 사람들의 예절을 매우 좋아한다. 독일에서 근무할 때 내 아이는 초등학교 5학년이었다. 우리 아이가 한국에서 다녔던 초등학교는 어른들에게 예절을 잘 지키도록 가르쳤다. 독일에서 아이는 만나는 유럽 학부모와 선생님을 포함한 모든 어른들에게 한국식으로 배꼽인사를 하면서 "Hello"(헬로우)했다. 이런 인사를 처음 받아 본 유럽인들은 너무 놀라면서도 좋아했다. 그들은 한국 아이의 인사하는 모습을 보고 본인들에게 없는 예의에 매우 좋은 인상을 받았다. 그래서 나도 가끔 회사 임원분들께 이 방법을 썼는데 그들 역시 이런 인사법을 매우 좋아했다. 이처럼 우리 문화를 적절히 잘 섞어서 활용하면 아주 좋은 인상을 외국인 상사나 동료들에게 줄 수 있다.

반대로 한국 사람들은 유럽과 미국 문화권에서 이메일을 받았을 때 정이 없다고 느낄 수 있다. 대부분의 인사는 한 문장을 넘지 않고 바로 본론으로 들어간다. 작별인사는 대부분 한 단어로 한다. 사람에 따라 매우 간결하게 메일을 쓰는 사람도 있고 장문으로 쓰는 사람도 있다. 짧게 쓰건 길게 쓰건 업무에 99% 포커스가 되어 있다. 하지만 이것은 유교를 바탕으로 예의를 중요시 생각하는 입장과 업무 지향적 문화의 차이일 뿐이다.

대부분 글로벌 기업에서 지위가 높은 사람에게 이메일을 보낼 때에는 최대한 간단하게 쓰라고 배운다. 특히 상사에게 보낼 때는 핸드폰으로 봤을 때 한 화면에 모든 내용이 들어오게 쓰라고 배운다. 지위가 높을수록 하루에 수백 통의 이메일을 받는다. 그렇게 많은 이메일을 전부 꼼꼼히 읽을 시간이 없다. 그래서 최대한 그가 빨리 읽고 답변해줄 수 있게 간단하고 명확하게 예의를 지켜서 쓰라고 한다.

외국인 상사의 첫 출근

예전 직장 동료이자 친한 친구 케이는 호주인이지만 이탈리아와 영국에서 오래 살았고 독일에서도 IT 분야 전문가로 직장생활을 오래 한 친구다. 그녀는 매우 긍정적이고 사람을 꿰뚫어보는 능력도 가지고 있으면서 함께 있으면 분위기가 밝아지는 성격을 가지고 있다. 그 친구가 한국에 발령받아 첫 출근을 했을 때 그녀에게 잊지 못할 추억이 있었다. 첫 출근 날 한국 IT 부서 직원들이 모두들 격식을 차리고 미팅 룸에 모여 앉아 있었다. 그녀가 입장하자 모두들 일어나 그녀를 상석 자리로 안내하였다. 직원들은 그녀가 앉은 후에 모두들 자리에 착석했다. 그녀가 기대했던 것은 편하고 캐주얼한 첫인사였는데, 왠지 이런 격식이 그녀의 팀원들과 거리감 있게 느껴졌다고 한다. 한국 사람들은 처음 보는 사람과는 격식에 맞게 예의를 갖추는 것을 매우 중요시 생각한다. 특히 상사에게는 의전을 하게 된다. 유럽인들이나 미국인들도 상대방의 예의 있는 행동을 좋게 생각한다. 하지만 지나친 의전은 반대로 상대방을 불편하고 긴장하게 만들 수 있다. 또한 한국식 의전은 가끔 너무 지나친 경향이 있다고 본다.

②

10:00

부장님, 혼자 미팅하지 마세요

하나의 팀 미팅을 두 개의 다른 관점에서 살펴보자. 하나는 한국 직원들 입장에서 외국인 상사와 함께하는 팀 미팅, 또 하나는 외국인 상사가 느끼는 한국인 직원들과의 미팅이다.

상황 1

외국인 상사와 한국인 직원들이 매주하는 팀 미팅 자리이다. 팀원들의 영어 수준을 외국인 상사는 어느 정도 파악하고 있다. 그 역시 직원들이 잘 알아들을 수 있게 최대한 천천히 이야기하려고 노력한다. 글로벌 회사에 다니는 직원들의 영어 수준은 천차만별이다. 영어를 아주 유창하게 하는 네이티브 수준부터 떠듬떠듬 이야기하는 직원들까지 있다. 하지만 요즘 젊은 직원들의 대다수는 유창한 네이티브 수준은 아니더라도 외국인들과 어느 정도 커뮤니케이션이 가능할 정도의 영어 실력을 가지고 있다. 요즘 직원들은 영어학원에서 말하는 중상급 수준의 영어 실력이다. 90년대만 해도 사회적 분위기상 글로벌 기업에서도 영어를 아예 못 하는 직원들이 꽤 있었다. 회사에 따라 차이는 있겠지만 요즘 글로벌 기업은 대부분 면접 시 영어로 인터뷰를 진행하기 때문에 아예 못하는 사람은 많지 않다. 또한 요즘 젊은 세대들은 마음만 먹으면 영어 실력을 짧은 시간 안에 엄청나게 끌어올리는 경우도 많이 봤다. 아마도 어려서부터 부모 세대와 다른 영어 교육을 받은 것이 큰 차이점인 것 같다.

대부분 팀 미팅은 외국인 이사님을 포함하여 부장, 차장, 과장, 대리, 주임 사원 모두 들어가는 미팅이다. 외국인 상사는 매우 규칙적인 틀 안에서 시간도 정확히 엄수한다. 미팅 전 아젠다를 사전에 배포하고 오늘 무슨 이야기를 할지 미리 팀원들에게도 알려줬다. 외국인 상사가 전체 팀에게 아젠다에 혹시 추가하고 싶은 사항이 있는지 이메일로 의견을 물어봤다. 하지만 역시 아무도 답변을 하지 않았다.

회의가 시작됐고 부장님이 대부분 혼자 주간 분석 리포트와 업무 보고 사항을 이야기한다. 외국인 상사가 질문을 하는 경우 부장님이 조심스럽게 모든 질문에 대답하고 나머지 직원들은 모두 조용히 있다. 부장님이 대답할 수 없는 질문만 담당자를 쳐다보거나 호명을 하면 담당 직원이 조심스럽게 대답을 한다. 담당 직원은 일단 먼저 한국말로 부장님께 이야기하고 난 후, 부장님이 오케이 사인을 보내면 영어로 업데이트를 한다. 하지만 외국인 임원이 직원들의 의견이나 생각을 물어보는 질문의 경우에는 다들 정면만 응시하지 외국인 임원의 얼굴을 쳐다보지는 않는다. 하여간 대부분의 질문은 부장님의 몫이다. 아주 간혹 직급의 차이로 대답 횟수가 이뤄진다. 이 상황은 외국계 회사를 다니는 많은 사람들이 겪어본 팀 미팅일 것이다.

그럼 외국인 상사 입장에서 한번 생각해보자.

이런 계층적 문화를 모르는 외국인 임원은 왜 부장님만 모든 이야기와 의견을 내고 아무도 말을 하지 않는지 매우 궁금해한다. 때로는 부장님이 직원들이 의견을 내지 못하도록 짓누르고 있는 게 아닌가 하는 오해도 받는다. 심지어 직원들은 먼저 부장님께 한국말로 이야기한 후 부장님의 오케이 사인을 받은 후에야 외국인 상사에게 업데이트를 하는 상황이 의심스럽다. 외국인 상사가 하나씩 이름을 불러서 의견을 물어보면 그때 본인의 이야기를 조금씩 한다. 하지만 그 누구도 부장님보다 먼저 이야기를 하는 경우는 없다. 착한 부장님 입장에선 모두를 위해 본인이 대표해서 답변하고 의견을 냈는데 원치 않게 오해를 받으니 얼마나 억울할까? 이런 상황은 글로벌 기업에서 매우 흔하게 있는 일이고 대부분 외국인들이 가장 답답해하고 이해하기 힘든 상황이다. 반대로 한국 사람들 역시 이런 상황을 제대로 이해하지 못한다. 외국인 상사가 가끔 회의에서 짜증을 낼 때면 도대체 왜 짜증을 내는지 모른다. 혹시 주말에 집에 안 좋은 일이 있었나 보다 하고 생각한다. 이런 상황으로 오해를 받는 중간 간부(부장) 역시 흔히 봤다. 이런 오해가 발생하면 최악의 경우 외국인 상사는 부장님을 빼고 직원들과 미팅 자리를 잡는 경우가 있다. 그 이유는 미팅 시 부장님이 정말로 직원들의 입을 틀어막고 의견을 내지 못하게 한다는 의심에서 시작된다. 그래서 부장을 빼고 미팅을 잡는 경우가 있는데 이런 경우는 외국인 상사와 부장 모두에게 최악이다. 팀웍을 깨트리는 상황까지 갈 수 있다. 더 나아가 외국인 상사가 내리는 한국 직원들의 평가다. 한국 사람들은 매우 수동적이라고 이야기하는 외국인들도 몇몇 만나봤다. 뿐만 아니라 성격이 부정적인 사람은 사원들의 목소리는 회식 때만 들을 수 있다고 말하는 외국인들도 있었다. 외국인 상사의 성격에 따라 상황이 걷잡을 수 없이 최악의 시나리오로 흘러가는 경우가 있다. 이런 상황이 오기 전에 누군가 외국인 상사에게 문화의 차이점을 이야기해주고 직원들도 문화의 차이를 극복하려는 노력이 시급하다. 대부분 외국인 상사의 성격이 유연하지 못하고 고지식할 경우 이런 상황이 오는 것을 많이 봤다. 또한 반대로 외국인 상사가 한국 직원들이 변화할 수 있게 지속적으로 노력을 해도 한국 직원들이 한국적인 성향에서 벗어나지 않으려 하는 경우도 있다. 이런 경우 중간에서 누군가 완화시켜주는 역할을 해줄 사람이 필요한데 그렇지 못한 경우가 많다.

케이 역시 처음 얼마간 이런 상황에 적응해 나가는 데 시간이 걸렸다고 한다. 케이의 경우에도 팀 미팅 시 직원들의 의견을 물어보면 그 누구도 내 생각이 완벽하지 않다는 이유로 의견을 내지 않았다. 언제나 혼자 이야기하는 모노로그 드라마 같았다고 한다. 또한 직원들은 케이가 원하는 것이 무엇인지, 언제까지 누가 무엇을 해야 하는지까지 일일이 이야기를 해주기를 바랐다고 한다. 그녀의 말에 따르면 가끔은 어떻게 해야 하는지 방법까지 가르쳐줘야 했다고 한다. 솔직히 그녀가 원하는 팀 미팅은 완벽하지 않은 아이디어를 팀원들끼리 토론하면서 함께 방법과 해결책을 찾아가길 바랐다. 또한 직원 개개인들의 생각과 의견을 나누면서 서로의 경험을 통해 새로운 것을 배우기 바랐다. 또한, 이런 토론 속에서 개개인의 특성, 성향, 그리고 논리적 사고방식을 파악하고 싶어 했다.

하지만 그녀의 생각과 달리 모든 문제의 답을 가르쳐주길 바라는 상황이 그녀는 매우 놀라웠고 당황스러웠다. 다들 대학도 졸업한 성인들이고 업무를 모르는 사람들도 아닌데 답을 가르쳐주길 바라는 자세를 처음에는 이해하기 어려워했다. 다행히 그녀는 유연한 사고 방식으로 본인 역시 한국 사회에 적응하기 위해 많은 노력을 해야 한다고 판단했다. 그녀는 언제나 100% 확실한 아이디어가 아니라도 좋으니 모두들 본인의 의견을 말하도록 지속적으로 독려하였다. 그러면서 직원들이 토론 속에서 새로운 배움이 있을 수 있는 분위기를 만들기 시작했다. 또한 직급과 상관없이 질문을 하고 본인들의 지난 경험을 바탕으로 서로에게 답변해 주도록 했다. 가끔 이런 상황에서 한국 사람들은 의견을 냈을 때 상사에게서 돌아오는 반응을 두려워한다. 하지만 여기는 외국인들과 함께 일하는 글로벌 기업이고 당신의 상사는 한국 사람이 아닌 외국인이다. 케이는 좀 더 빠르게 상황을 개선해 보고자 미팅 전 몇몇 직원들에게 미리 양해를 구했다. 미팅 전에 미리 특정 직원에게 미팅 중 질문을 해도 되겠냐고 물어보고 답변을 해 달라고 그들과 짰다고 한다. 한국 직원들은 갑자기 미팅 중에 본인의 이름이 불려서 의견을 이야기하라고 하면 당황하거나 창피해하는 경향을 파악했던 것이다. 그래서 미리 약속된 직원이 질문에 답을 하는 동안 다른 사람들이 마음에 준비를 할 수 있게 했다고 한다. 또한 이러한 상황이 매우 루틴한 상황이라는 것을 인지시켜주고 싶었다.

이렇게 미팅을 진행하다 보니 생각지 못한 또 다른 재미있는 일이 벌어졌다고 한다. 미팅 시 케이의 이야기를 정확히 이해 못 한 채 뜻을 추측해서 자료를 만들어오는 것이다. 그들은 추측을 토대로 정말 많은 시간과 노력을 들여 자료를 만들어오는 경우 대부분 삼천포로 빠져 있는 자료였다. 케이는 미팅 시 완벽하게 이해하지 못했으면 다시 질문을 하지 않고 왜 짐작해서 자료를 만들어오는지 알 수가 없었다. 짐작해서 만들어온 자료는 역시 원하는 자료가 아니었다. 다시 수정을 해야 하거나 처음부터 다시 만들어야 하니 야근을 할 수밖에 없는 상황이 됐다. 그 후 케이는 더 정확하게 커뮤니케이션하기 위해 그녀가 자료를 요청할 때에는 육하원칙에 맞춰 말해주었다고 한다. 케이가 한국 직원들과 성공적으로 일할 수 있었던 것은 그녀의 팀이 자유롭게 일할 수 있는 범위를 명확하게 이해하고 설정해주었기 때문이다. 또한 그녀가 놀라웠던 것은 가장 많은 지식을 가진 전문가는 언제나 미팅에서 제일 말이 없다는 것이었다. 심지어 현재 프로젝트가 잘못된 방향으로 흘러가는 것을 보고만 있었다는 것이다. 이 모든 것이 영어를 제대로 이해 못 해서 생긴 문제였다고 생각하나? 그럼 한국말로 부서 회의를 하면 모두 100% 이해하고 나올까? 내가 볼 때 메시지 전달자가 한국말로 아무리 명확히 설명해 줘도 사람에 따라 해석이 다르다. 사람마다 본인 입장에서 원하는 대로 해석하기 때문에 한국말로 전달해도 해석은 다르다. 그러니 영어로 전달을 받았을 때 정확히 이해하지 못했으면 다시 한 번 확인해야 한다. 한 가지 사례를 더 들어보겠다. 오스트리아인 동료였던 마커스도 한국팀에게 업무를 지시할 때는 매우 명확하게 전달해야 했다고 한다. 유럽인들은 프로젝트를 진행할 때 본인이 맡은 파트는 자유롭게 생각해서 창조적으로 업무를 진행하는 반면 한국팀에게는 어떻게 해야 하는지 명확한 전달이 중요했다고 한다.

케이와 마커스처럼 한국인들을 이해하려고 노력을 많이 하는 외국인들도 있지만 일부는 그렇지 않은 경우도 많다. 하지만 전반적으로 외국인 상사가 바라보는 관점은 마치 21세기를 사는 한국 사람들이 아직도 올드 스쿨 방식으로 일한다는 인상을 줄 수도 있다. 다행히 케이와 마커스는 성격이 밝고 긍정적인 사람들이어서 사람들의 진면모를 알아보고 팀을 이끌어나갔다. 그들은 한국적인 면과 서양적인 면을 잘 결합해서 팀을 잘 이끌었던 거다. 하지만 그 반대인 경우도 있다. 솔직히 말해 케이나 마커스의 경우가 일반적인 경우는 아니다. 어떤 외국인 상사는 비슷한 상황을 한두 번 겪고 나선 우리 팀은 아무런 의견도 없고 아이디어도 없는 사람들로 뭉쳐 있다고 하면서 팀원들과 잘 못 지내는 경우도 봤다. 그의 팀원들은 우리 상사는 우리를 안 좋아하고 독재적이며 언제나 인상 쓰면서 회의에 들어오고 무례하다고 감정적으로 받아들였다. 물론 그 외국인 상사의 성격도 이 상황에 어느 정도 한몫 영향을 끼친다. 그도 나름 이해해보려고 노력을 했다. 직원들이 한국말로 하는 미팅에 들어가서 사람들의 바디 랭귀지를 읽으면서 개개인을 파악하려고 노력도 했다. 하지만 그는 근본적인 문화적 차이를 이해하지 못한 채 너무 빨리 직원들에 대해 단정 지어버렸다. 그리고는 미국에 조기 유학을 다녀온 주니어급 직원을 슈퍼스타로 만들어 직원들에게 잘못된 메시지를 보냈다. 그는 문화의 다름을 머리로는 이해했지만 직원들에게 시간을 주거나 지속적인 노력이나 기회를 제공한 것 같지는 않았다. 마커스 역시 처음에 비슷한 실수를 했다고 한다. 하지만 다행히 마커스는 본인의 태도를 빨리 바로 잡아 오해가 오래가지 않았다. 그는 이런 실수를 더 이상 하지 않기 위해 한국말도 배워서 나중에는 간단한 대화는 한국말로 했다.

앞에서 소개했듯이 서양의 토론식 교육과 계층적 문화에서 오는 충돌은 국내 글로벌 기업 안에서도 흔히 볼 수 있는 일이다. 이 문제는 많은 사람들이 겪는 문화적 갈등인 동시에 매우 중요한 문제다. 앞서 말했듯이 직원들은 대부분 영어가 부족해서 내 의견을 말하기 어렵다고 이야기한다. 정말 그럴까? 정말 오로지 영어만 잘하면 모든 게 해결될까? 물론 의사소통이 쉽다는 것은 큰 장점이다. 하지만 난 영어만의 문제만은 아니라고 생각한다. 그 이유는 한국인 상사와 일할 때도 같은 현상이 나타나기 때문이다. 상황은 크게 다르지 않다. 팀 회의 시간에 본인의 의견을 이야기하는 사람은 드물었다. 주로 상사가 답을 주기를 바랐다. 그래서 모인 사람들의 의견을 듣고 싶으면 한 사람씩 호명해 돌아가면서 이야기를 하게 한다. 모인 사람들이 부장급들이어서 경험이 부족하거나 일을 모르는 사람은 한 명도 없었다. 부장급들 대부분은 그 회사를 오래 다녔던 사람들이 많았다. 해오던 일의 업데이트는 모두 잘했지만 문제가 생기거나 뭔가를 새롭게 시도해 보려는 노력이 필요할 때는 모두들 조용히 눈을 내리깔고 상사의 지시만을 기다렸다. 그래도 한국 사람들끼리 있었기 때문에 간혹 좋다 싫다는 이야기는 하지만 본인의 의견이나 생각을 적극적으로 내는 사람은 드물다. 또한, 새로운 것을 시도하는 일을 그리 반기는 편은 아니었다. 새로운 것의 시작은 언제나 부장들 중 제일 젊은 부장의 몫이었다. 나는 이런 문화를 그다지 좋아하지 않는다. 외국인들 역시 마찬가지다. 왜냐면 본인 업무에 대한 오너쉽 즉, 소유권이 없어 보이기 때문이다. 가끔 본인 업무에 문제가 생겨도 본인이 주도적으로 해결하려는 태도보다는 상사가 해결해 주겠지라는 생각이거나 그냥 한 번 혼나면 된다는 식의 태도가 좋아 보이지 않는다. 그렇기 때문에 영어가 아닌 마음가짐이 성공을 좌우한다. 글로벌 기업에서 일하려면 외국인들과 한국인들 모두 열린 마음으로 서로의 문화를 이해하려는 노력을 해야 하고 그 회사의 문화에 맞는 절충안을 찾아 서로 win-win(윈윈) 하는 방법을 찾아야 한다.

예전 동료 L씨가 영국으로 파견을 3개월 간 적이 있었다. 그녀가 첫 팀미팅에 참석했을 때 가장 놀란 것은 같은 영국인들끼리도 서로의 영어를 못 알아듣는 것이었다. 영국은 잉글랜드, 웨일스, 스코틀랜드, 노던 아일랜드와 같이 4개의 작은 나라들이 합쳐져 United Kingdom(유나이티드 킹덤)이라는 명칭을 쓰는 나라가 됐다. 합쳐진 지역들마다 사투리가 너무 심해서 서로가 계속 "Excuse me?", "Pardon?"(뭐라고요?)을 남발하면서 미팅을 했다. 우리나라도 각 지역마다 고유의 지역 사투리를 알아듣기 힘든데 영국 영어 사투리 역시 한국말 사투리보다 더 알아듣기 힘들었다. 나도 영국을 포함해 영어를 사용하는 다양한 나라 사람들을 만날 때마다 사투리 때문에 때로는 못 알아들을 때가 많다. 그럴 때는 매우 집중해서 들어야 한다. 그렇기 때문에 영어를 못한다는 것에 주눅 들지 말았으면 좋겠다. 한국 사람들이 정말 생각과 의견이 없는 것은 누가 봐도 명백히 아니다. 한국 사람들은 기본적으로 똑똑하다. 모두들 회의가 끝나고 삼삼오오 모여서 회의 때 말하지 못했던 본인들의 생각을 이야기한다. 21세기 글로벌 시대에 글로벌 기업을 다니는 한국인이라면 조금 더 자신감 있게 본인 생각을 주저 말고 미팅 시 이야기했으면 좋겠다. 물론 처음부터 잘되지는 않는다. 그렇다고 포기해버리면 글로벌 기업을 다니는 의미가 없다. 천천히 조금씩 시작하면 된다. 한국인들이 그토록 많은 투자를 해서 배운 영어는 이럴 때 쓰기 위해서 배우는 것이 아닐까 생각한다.

인사부의 역할

여기서 가장 이상적인 상황은 인사부가 처음 한국에 파견되어 오는 외국인 직원들에게 한국 문화를 교육시켜주는 것이다. 각각의 문화에 대한 차이를 이해시켜주면 불필요한 오해를 줄일 수 있을 것이다. 뿐만 아니라 한국 사무실에 근무하는 모든 한국 직원들을 대상으로도 교육을 시켜줘야 한다. 인사부는 중간급 매니저들이 문화의 차이를 극복할 수 있게 꾸준히 직원들을 독려하는 역할을 해야 한다. 그 이유는 인사부의 중요한 목표 중 하나가 조직문화 세팅이기 때문이다. 글로벌 회사에 따라 인사부에서 문화 차이에 대한 교육을 해주는 글로벌 기업들도 있지만 아닌 글로벌 기업들도 있다. 문화에 대한 것은 대부분 친한 동료들에게 물어보거나 혼자서 공부를 해야 한다. 그러다 보면 잘못된 개인의 의견이 일반화되는 경우도 있다. 예전에 중국에서 파견 근무 했던 독일 직원 중 한 명의 이야기다. 당시 그녀는 중국 식사 문화를 별로 좋아하지 않았다. 만나는 사람들마다 중국인들이 너무 많이 먹어서 업무 효율성이 떨어진다는 개인적 편견을 일반화시켜 말하고 다녔다. 내가 독일에 있을 때도 영국 상사가 본인의 부인이 90년대에 제주도에 회의가 있어서 참석했었는데 신혼부부들을 많이 봤단다. 그러면서 제주도를 '러브 아일랜드'라고 나에게 이야기하는 것이었다. 난 그를 정정시켜주었으나 개인의 편견적 오류가 일반화될 수 있다는 것을 깨달았다. 얼마나 많은 세월 동안 그는 가보지도 않은 제주도를 그런 식으로 사람들에게 이야기했을까? 인지를 행동으로 옮기는 것은 다른 차원이다. 머리로 인지만 하고 마음으로 이해하는 데는 오랜 시간이 걸릴 수도 있다. 사람들은 본인 문화권에서 오랫동안 교육받고 성장했기 때문에 마음으로의 이해는 오랜 시간이 걸린다. 하지만 머리로라도 편견을 인지하고 있느냐 없느냐는 모르는 것에 비하면 하늘과 땅 차이다. 최소한 본인의 편견을 인지하고 있으면 사람들과 대화할 때 일반화시키지는 않을 것이다. 그것만으로도 불필요하게 생기는 오해뿐만 아니라 사내 정치도 최소화시키고 좀 더 편안한 분위기에서 직장생활을 할 수 있다.

그럼 왜 외국인들은 모두의 의견을 듣고 싶고 궁금해할까? 그 이유는 역시 교육철학의 차이에서 온다고 본다. 다시 말해 유럽과 미국의 교육은 토론하는 교육이다. 왜냐면 고대 그리스의 철학과 교육은 토론에서 시작되었기 때문이다. 토론이란 열린 마음으로 서로가 상대방의 관점을 논리적으로 비판도 하고 지지도 하면서 더 크고 좋은 아이디어를 얻어내는 것이다. 단지 반대를 위한 반대가 아니라 뚜렷한 논리와 증거를 가지고 상대방 생각의 허수를 설득시켜야 한다. 사람마다 절대 물러설 수 없는 가치와 신념이 있다. 토론 시, 주제에 대해 그 사람의 가치와 신념을 기반으로 논쟁을 통해 서로를 설득하는 것이다. 외국 토론 수업에서 선생님의 역할은 지도자가 아니라 진행자다. 선생님이 토론 주제를 던져주면 마치 아이들이 공을 가지고 놀듯이 서로의 의견을 주고받는다. 이 과정에서 친구의 의견뿐만 아니라 선생님의 의견도 반대할 수 있다. 그리고 뭔가 제대로 이해하지 못했으면 질문하라고 선생님들은 권장한다. 학년이 올라갈수록 선생님은 학생들 질문에 답을 주지 않고 스스로 답을 찾게 한다. 또한, 선생님은 토론이 맞는 방향으로 진행될 수 있도록 방향만 제시해준다. 아이들은 이때 모르는 단어도 찾아보고 내가 제대로 이해했는지 서로 확인한다. 그들은 이런 수업 태도를 올바른 수업 태도라고 믿는다. 선생님들은 "There's no such thing as a stupid question(바보 같은 질문은 없다)."라고 이야기하면서 질문 내용에 대해서 핀잔을 주지 않는다. 다만 다른 관점에서 생각해보라고 제안한다. 학생들이 받는 참여 점수는 학생의 질문 성향이나, 얼마나 많은 의견을 냈는지, 친구들의 의견을 경청하면서 토론했는지 등등을 본다. 선생님들은 꼼꼼하게 매일 일지에 기록해둔다. 대학생일 경우에는 참여도에 따라 성적이 한 등급씩 올라가거나 내려갈 수도 있다. 나도 대학교 4학년 때 경영학과 필수과목 시험 중 오답 처리된 답변을 교수와 토론하여 맞는 걸로 처리한 경우도 있었다. 이런 교육 방식은 소크라테스식 방법(Socratic Method)으로 알려져 있는데 일련의 질문들의 모순을 없애기 위해 소크라테스 제자들이 그들의 가정에 의문을 제기하도록 강요하는 선생님과 제자의 대화다(마이, 2008). 우리는 이를 '악마의 옹호자 놀이(Devil's advocate)'라고 부른다(Ambury, n.d.) 아리스토텔레스에 따르면 논리적으로 추론할 수 있는 것은 인간의 가장 높은 단계의 노력이다. 논리에는 비판적인 증거가 들어 있고 설득은 논쟁의 논리를 진전시키는 데 매우 중요하다. (Tuleja, 2022).

한국의 중고등학교 교육 6년 동안은 대부분 선생님의 강의를 듣는 일방통행 방식의 교육이다. 요즘은 예전과 달리 선생님들이 학생들에게 질문도 많이 하신다. 특히, 초등학교는 다양한 교육 방법으로 일방통행이 아닌 다양한 활동을 통해 친구들과 협동하는 방식의 공부도 한다. 하지만 아직도 중고등학교 교육은 대입 위주의 일방통행과 암기로 진행된다. 요즘 일타 강사들의 강의를 봐도 과목을 막론하고 족집게식으로 시험 기출 문제, 푸는 방법, 정답, 심지어 인생까지 알려주신다. 그분들이 학생들을 가르치기 위해 들이는 노고는 개인 생활 없이 하루 24시간, 1년 12달이 부족하다. 이렇게 6년을 생활하다 토론식 수업은 비로소 대학부터 시작한다. 학교마다 다르겠지만 대학 4년 내내 토론을 중심으로 수업을 하지는 않는다. 하지만, 요즘 대학들도 변화하는 세상에 맞춰 천천히 진화를 하는 것 같다. 그러다 보니 사회에 나와서 토론을 해야 하는 자리에서는 모두들 어색하고 조용히 입을 다물고 있게 된다. 특히, 본인의 직속 상사와 상의되지 않은 질문은 되도록 하지 않는다. 질문을 할 때는 이런 질문을 해도 되는지 반드시 본인 직속 상사에게 확인을 받은 후 질문을 한다. 본인이 꼭 이야기하고 싶어도 직속 상사가 이야기하지 말라고 하면 이야기하지 못한다.

그럼 이렇게 익숙치 않은 토론 방식 미팅을 어떻게 하면 잘할 수 있냐는 질문도 많이 받았다. 어디 학원을 가라는 대답이나 대학생들처럼 스터디 그룹을 만들어서 연습하라는 이야기를 듣고 싶었을까? 내가 해줄 수 있는 조언은 두려워하지 말고 용기를 내어 본인의 의견을 긴 호흡과 함께 천천히 이야기하는 방법밖에는 없는 것 같다. 학창 시절 동안 틀렸냐 맞았냐가 기준이 되는 공부를 해왔기 때문에 내 말이 틀렸으면 어떡하지 하는 생각에 더 말을 못 한다. 하지만 틀린 의견이라도 좋다. 아무 의견을 내지 못하는 것보다는 낫다고 생각한다. 또 인생에 정답이 없듯이 비즈니스에도 정답이 없다. 있다 하더라도 매번 어떻게 정답만 이야기할 수 있을까? 나도 내가 낸 의견 중 80%가 엉뚱한 아이디어였고 20%만 받아들여졌다. 하지만 그 80%를 기억하는 사람은 아무도 없다.

문화적 차이 뒤에는 개인의 성격이나 성향도 영향을 준다. 하지만, 착한 부장님이 오해받지 않고 또 모두가 수동적이라는 저평가를 받고 싶지 않으면 용기를 내는 조치를 취해야 한다. 외부에서 오는 자극에 겁내지 말고 나의 내면의 힘으로 극복해야 한다.

가끔 부장님이 본인보다 영어를 잘하는 주니어급 직원에게 모든 발표를 맡길 때가 있다. 본인 영어가 유창하지 않다는 이유로 그 직원을 통해 모든 이야기를 하는 경우가 있다. 물론 영어를 잘하는 사람이 하면 좀 더 매끄럽게 메시지를 전달할 수 있는 방법이긴 하다. 하지만 솔직히 매번 이런 방법을 사용하는 것은 좋은 방법이 아니다. 예전 외국인 사장들이 해준 말인데 그들은 주니어급 직원의 이야기를 가끔은 100% 신뢰하지 않는다. 그 직원이 본인 생각 위주로 이야기하는 거라고 오해할 때도 있다. 내가 직장생활을 시작했을 90년대 중반부터 2000년대 초반에는 지금처럼 영어를 잘하는 사람들이 드물었다. 그래서 영어를 잘하는 내가 부서를 막론하고 많은 영어 커뮤니케이션을 했다. 그 당시 난 주니어급 직원이어서 대부분의 회사 통역을 맡아서 했다. 하지만 타 부서를 위해 통역을 해야 할 때는 전체를 이해하지 못한 채 통역을 하다 보니 오역을 할 때도 많았다. 아무래도 직급과 전문성의 차이 때문에 숲을 보지 못하고 나무만 보면서 통역을 했다. 일부 글로벌 회사는 전문 통역사가 있어서 통역을 할때는 외국인 상사가 통역하는 직원에 대해 오해를 하지 않는다. 하지만 내 경우에는 심지어 전산 부서와 파이낸스 부서 출장까지 따라가서 통역을 했다. 덕분에 나는 회사 전체 시스템이 어떻게 돌아가는지 빨리 이해했고 숲을 볼 줄 아는 안목을 키웠다. 더불어 동시통역도 가능할 정도가 됐다. 내가 비로소 부장이 됐을 때 다른 사람이 통역을 하면 외국인 사장님이 나를 불러 통역하는 사람이 똑바로 하냐고 물어보곤 했다. 내가 통역을 담당하던 시절 외국인 상사들이 가끔 하는 질문이 있었다. 그 중 하나가 "저 사람 영어를 못 하는 게 아닌데 왜 제인을 통해서 모든 이야기를 하나요?"라면서 궁금해했다. 또 가끔 외국인 사장과 함께 회식을 할 경우 사장님이 나에게 "너 가끔 오역하는 거 내가 알아." 하면서 농담 반 진담 반으로 이야기했다. 때론 억울하기도 하고 찔리기도 했다. 다행히 나는 큰 오해를 받아보지는 않았지만 때로는 상대방에 따라서 역효과가 날 수도 있겠다는 생각을 했다. 만일 통역을 담당하는 직원이 퇴사해버리면 부장님으로서는 매우 곤란한 처지가 된다. 주니어급 직원 입장에서는 본인이 잘 모르는 부장님 일을 대신하다 보니 가끔 오역할 때도 있다. 또한 주니어급 직원은 부장님의 일을 대신 해야 하다 보니 정작 본인의 업무시간을 뺏겨서 야근도 해야 하고 필요치 않게 같은 동료들에게 오해를 사는 경우도 있다.

한국 사람들은 유치원에서부터 직장생활을 시작할 때까지 20년 가까이 혹은 그 이상 영어에 정말 많은 투자를 한다. 하지만 위 부장님 사례처럼 정작 사용해야 할 회사에서는 사용하지 않고 남에게 의존하는 경향이 있다. 용기를 내서 자신감 있게 영어에 투자한 만큼 회사에서 사용해보길 바란다. 어려서부터 영어에 투자한 목적은 사회에 나와서 사용하기 위해서였다. 언어는 자꾸 사용해야 늘지 학원에서 외워서 하는 영어는 절대 늘기 어렵다. 다들 틀리게 말하는 것이 두려워 말을 안 하려고 하는데 아기들도 넘어지면서 걸음마를 배우듯 틀리면서 영어도 는다. 당신의 외국인 상사가 제대로 당신의 말을 알아듣지 못할까 봐 걱정하지 말라. 그들이 제대로 이해하지 못했으면 다시 물어볼 것이다. 그리고 외국인 상사와 대화할 기회가 많을수록 나 자신을 보여줄 수 있는 찬스이다. 간혹 영어 문구를 통으로 외워서 적시적기에 사용하려고 하는 사람들도 많이 봤다. 그렇게 외운 표현을 적시적기에 사용했다는 말은 들어본 적도 없고 본 적도 없다.

스토리 앞부분에서 이야기했듯이 미팅 아젠다를 사전에 공유받았으면 업데이트 안건은 업무를 맡고 있는 담당자가 직접 이야기하도록 준비하는 것이 좋다. 또한 의견을 물어볼 때는 부장님이 항상 먼저 이야기하지 않고 돌아가면서 의견을 내도록 해본다. 여기서 중요한 점은 부장님이다. 그렇다고 아무런 이야기하지 않고 있으면 부장님이 업무를 간과하고 있다는 인상을 줄 수 있으니 강약을 잘 조절해야 한다. 그래서 중간 간부 역할이 매우 중요하면서 어렵다.

상황 2

예전 회사 후배 중 네덜란드로 6개월간 파견 근무를 나갔던 강 모 씨가 있다. 강 모 씨는 나름 영어도 어느 정도 잘하고 어려서부터 해외여행도 많이 다녔기 때문에 본인은 나름 인터내셔널 하다고 생각했다. 하지만, 네덜란드는 직설적인 어법으로 서로의 시간 낭비를 하지 않는 나라 중 최고인 나라다. 또한 한국처럼 누가 파견 왔다고 환영식도 없었다. 한국인 관점에서 보면 매우 건조할 수 있는 문화다. 강 모 씨는 첫날 출근 후 그의 네덜란드 상사와 첫 미팅을 했다. 환영식은 같이 점심식사를 하는 것으로 끝이었다. 그의 상사는 독일계 네덜란드인이었는데 앉자마자 바로 그가 해야 할 업무에 대해 설명해 주고 3일 후 그가 주관해야 할 미팅에 대해 이야기해 주었다. 파견 후 처음으로 본인이 주관하는 미팅이었다. 잘하고 싶은 마음에 나름대로 2-3일 동안 철저히 준비했다. 그의 성격상 아마 잠도 제대로 못 자면서 자료를 수백 번 봤을 것이다. 다음 날 긴장한 상태로 미팅을 시작했고 며칠 동안 준비한 내용을 빠짐없이 모두 이야기했다. 업무 자체는 한국에서 했던 것과 크게 차이가 없었고 한국에서도 자주 회의를 주관해봤기 때문에 자료에 대한 이해도나 숙련도는 문제가 아니었다. 미팅이 어느 정도 끝나고 그는 문화적 충격을 받았다. 아직 미팅이 완전히 끝나지도 않았고 모든 팀원들이 앉아 있는 자리에서 네덜란드 부장님이 자신의 손등을 치면서 강 모 씨의 이름을 불렀다. 모두가 그대로 앉아 있는 자리에서 첫 미팅에 대한 피드백을 공개적으로 주었다. 네덜란드 상사는 좋았던 점 3가지와 개선해야 할 점 3가지로 정리해서 줬다. 그리고 매주 지속적으로 어떤 점이 개선됐는지 또 새롭게 개선해야 할 점들은 무엇인지 같은 방법으로 이야기했다. 처음 이렇게 공개된 자리에서 개인적인 피드백을 받은 그는 너무 놀라고 당황스러웠다고 했다. 왜 이렇게 사람들이 많은 자리에서 본인을 창피하게 만드는지 몰랐다. 하지만 시간이 지나고 나니 네덜란드의 직설적인 피드백

문화일 뿐이지 개인적인 감정으로 본인을 일부러 창피주려는 행동이 아니었다는 것을 알게 되었다. 다른 직원들도 아무렇지 않게 받아들이고 있었다. 본인 혼자서만 창피해하고 감정적으로 받아들일 뻔했다고 한다. 한국으로 파견 나온 많은 유럽인들이 범하는 실수 중 하나가 공개적인 자리에서 특정인에게 부정적인 피드백을 주는 것이다.

강 모 씨도 네덜란드의 문화를 처음에는 이해하지 못해서 매우 혼란스러웠고 어떻게 해야 할지 몰랐다. 하지만 시간이 흐르면서 강 모 씨의 상사는 네덜란드 문화를 틈틈이 설명해 주면서 점차 이해의 폭을 좁혀갔다. 시간이 지나면서 알고 보니 그의 네덜란드 부장님은 매우 멋진 사람이었다. 예전 국가대표 여자 농구 선수 출신이어서 언제나 에너지가 넘쳤고 그가 지내는 6개월 동안 문제가 없도록 살뜰히 보살펴주었다. 이처럼 서로의 문화적 차이를 이해하고 있으면 불필요한 오해에서 오는 에너지 소모와 걱정을 피할 수 있다.

토론의 차이

한국 사람들은 직장에서 정말 감정적으로 흥분하지 않는 이상 상대방의 말을 끊고 목소리를 높여서 이야기하지 않는다. 심지어 이런 행동을 무례하게 생각한다. 만일 여럿이 모인 팀 미팅 상황에서 상대방의 말을 종종 끊는 사람이 있으면 한국인들은 무례한 사람이라고 그 사람을 판단할 것이다. 엘리자베스 툴레자 교수는 "문화와 언어는 서로 연결되어 있고 우리가 의사소통하는 방법에 영향을 미친다. 어떤 메시지는 명백하고 다른 것들은 암시적이며 행간을 읽는 것은 우리에게 달렸다. 성공적인 커뮤니케이션은 사람들이 같은 준거 틀에 있을 때 발생한다."(Tuleja, 2022)라고 명시한다. 토론 즉, 말빨이 좋으려면 남의 말을 경청해야 한다. 고맥락과 저맥락 문화의 경청 역시 차이점이 있다. 엘리자베스 툴레자 교수에 따르면 한국 사회처럼 고맥락 문화에서는 경청 자체가 매우 오묘한 행동이다. 귀로 듣는 것뿐 아니라 심장과 눈으로 듣는 것도 포함한다. 눈으로 듣는 것은 얼굴의 표정을 보는 것이고, 눈으로 읽은 것은 그 사람의 몸짓이나 행동을 읽는 것을 모두 듣는 행동으로 친다. 또한 감정을 느끼고 공감하고 반응하는 것은 심장이 담당한다고 말한다(Tuleja, 2022). 그렇기 때문에 상대방의 말이 끝나기 전에 끼어드는 것은 매우 예의에 어긋나는 행동이라고 한국 사람들은 믿는다. 단어, 음색, 억양을 알아차리는 '귀로 듣는 행위'에서 시야를 넓혀 분석하고 이해하기 위해 '마음으로 듣는 행위'까지 '듣기'라고 본다. 얼굴의 표정을 보고 몸짓을 읽기 위해 눈으로 듣는다. 그리고 감정을 느끼고 공감하고 반응하기 위해 심장에 귀 기울인다(Tuleja, 2022). 예전에 젊은 유럽인 동료가 한국에 부임해 온 지 얼마 되지 않았을 때다. 그가 한국 임원의 말을 계속 끊으면서 대화하는 것을 본 직원이 있었다. 그 유럽인 동료는 결코 무례한 사람이 아니었지만 한국에 온 지 얼마 되지 않아서 본인보다 나이 많은 사람의 말을 끊는 것이 무례하다는 것을 몰랐었다. 이 광경을 바라보던 어느 한국 직원은 그 유럽인 직원이 매우 무례하다면서 한국 임원이 얼마나 기분 나빴을지를 걱정했다. 그 유럽인은 왜 한국인 임원이 본인에게 쌀쌀맞게 구는지 이해하지 못했다.

나는 코로나 시대를 겪고 난 후, 이렇게 오감으로 사람과 대화하는 것의 중요성을 더욱 간절히 느꼈다. 화상 통화로 대화하는 것은 왠지 상대방을 파악하는 데 많은 제한을 주는 것 같았다. 대부분 화상으로 통화할 때는 경직된 자세와 표정으로 제한된 시간에 할 말만 빨리하고 통화를 끊는다. 그 사람의 표정이나 바디랭귀지를 읽기가 어렵다.

유럽문화권 사람들의 토론 문화는 때에 따라서 매우 치열하다. 남의 말을 끝까지 들어주지 않는다. 종종 상대방 말의 허리를 끊고 비집고 들어가서 본인의 의견을 열정적으로 이야기한다. 한국 사람들처럼 아무도 손을 들고 발표할 차례를 기다리지 않는다. 반면 미국과 한국 사람들은 토론 회의 중 할 말이 있으면 손을 든다. 그러면 진행자가 다음에 누가 이야기할지를 알려준다. 가끔 한국인들은 외국인 직원들끼리의 토론회의를 볼 때면 정말 싸운다는 오해를 한다. 한국 사람들은 이런 토론 상황에서는 절대 끼어들지 않는다. 아무 말 안 하고 나올 때가 많다.

나도 독일에서 근무할 때 이런 경우가 있었다. 처음 회의에 들어갔을 때 모두들 싸우듯이 얼굴까지 시뻘게지면서 이야기하는데 선뜻 끼어들 수가 없었다. 그 당시 토론하는 사람의 제스처가 커서 정말 화난 사람처럼 보이기도 했다. 나도 토론에 못 끼는 스타일은 절대 아님에도 불구하고 상황 파악이 잘 되지 않았었다. 나는 언제 끼어들어야 하나 눈치만 보고 있다가 미팅이 끝난 적이 몇 번 있었다. 나중에 동료가 나를 찾아와서 물었다.

"제인, 오늘 왜 아무 말도 하지 않고 있었어요?"라고 물어봤다. 난 오히려 그 동료에게 "나도 언제 끼어들어야 할지 몰라서 눈치만 보고 있었어요."라고 이야기하니까 껄껄 웃었다. 그 동료가 나에게 "아무때나 치고 들어와요. 우리 유럽인들은 남들 생각 안 하면서 토론해요. 할 말이 너무 많거든요. 제인은 아는 것도 많은데 아무 말도 하지 않으니 제인의 생각을 우리와 함께 공유하기 싫어하는 듯한 오해를 하잖아요."라는 이야기를 해주었다.

앞에 소개된 강 모 씨도 비슷한 경험이 있었다고 했다. 강 모 씨는 절대 수줍어하거나 체면을 차리는 사람이 아니다. 그 역시 나와 같이 일할 때 본인의 의견을 명확히 말하는 직원 중 하나였다. 그럼에도 불구하고 그 역시 네덜란드에서 미팅 시간에 직원들끼리 싸우듯이 이야기해서 아무 말도 못 하고 가만히 앉아 있었다고 한다. 그러자 그의 상사가 그에게 다가와 "당신 혹시 자신감 없는 스타일인가요? 좀 자신감이 없어 보이네요."라고 이야기했다. 강 모 씨는 너무 놀랐다. 난생처음 들어보는 피드백이었다. 여태까지 살면서 자신감이 없어본 적도 없었을 뿐만 아니라 이런 이야기를 듣는다는 자체가 놀라웠다. 그는 단지 모두의 이야기가 끝나고 이야기하려고 기다리고 있었던 것이다. 단지 타이밍을 못 맞춰서 아무 말도 못 하고 미팅이 끝났을 뿐이었다. 자신감하고는 아무 상관없는 문제였다. 이런 상황에서는 종종 한국 직원들이 오해를 받기 쉽다. 강 모 씨도 본인의 성향과 상관없이 자신감이 없어 보이는 사람으로 오해를 받았다.

평균적으로 유럽인들은 아직까지 아시아 문화를 제대로 이해하는 사람이 많지 않다. 내 개인적인 생각으로는 우리가 유럽을 아는 만큼도 모르는 것 같다. 많은 사람들이 서울에 처음 출장 오면 본인이 생각했던 서울의 모습과 너무 다르게 깨끗하고 모던한 도시라는 극찬을 한다. 또한, 한국 직원들은 매우 조용하고 자기네들끼리만 이야기한다는 인상을 받는다. 심지어 그것을 존중해 주려고 한국인들에게 가급적 말을 안 걸려고 하는 사람도 있다. 그래서 한국 직원이 입을 때면 다들 조용히 무슨 이야기를 할지 궁금해하는 효과도 있긴 했다. 계속 유럽이나 미국계 글로벌 회사에서 커리어를 쌓을 계획이라면 아직은 익숙하지 않은 토론 문화에 빨리 적응해야 할 필요가 있다. 미팅 시 토론에 끼지 못하면 강 모씨나 나처럼 자신감이 없다든가 본인의 지식을 공유하기 싫어하는 이기적인 사람이라는 피드백을 받을 수 있다. 반면 한국 직원끼리는 한국식으로 토론을 해야 하는 것을 명심하길 바란다.

자신감을 표현하는 제스처

많은 사람들이 일반적으로 제스처에 대해 생각하지 못한다. 제스처 역시 별것 아닌 것 같지만 상황에 따라서 상대방의 기분을 언짢게 할 수도 있고 자신감을 표현하는 방식이 될 수도 있다.

간혹 어떤 한국인들은 대화할 때 손으로 입을 가리고 이야기하는 경우가 있다. 요번 코로나 때 봤듯이 유럽과 미국은 마스크 쓰는 것을 매우 꺼려하고 제일 먼저 벗었다. 한국은 그 반대로 마스크를 쓰지 않아도 되는데 마스크 벗는 것을 아직도 조심스러워한다. 그림을 그릴 때 유럽인들과 미국인들은 감정 표현을 입으로 표현한다. 그래서 스마일한 얼굴을 그릴 때도 눈보다는 입을 크게 그린다. 반면 한국은 스마일 얼굴을 표시할 때 입보다는 눈을 강조해서 그린다. 그것처럼 입을 가리고 이야기할 때에는 명확히 들리지도 않을 뿐만 아니라 왠지 뭔가를 숨기려고 한다는 인상을 주기도 한다. 유럽과 미국인들이 입을 가리고 이야기할 때에는 음식이 입안에 있거나 뭔가 비밀을 이야기할 때이다.

어떤 한국 사람들은 남들과 눈을 마주치는 것을 불편해하는 사람도 있다. 그래서 대화 도중 사람을 곁눈으로 힐끔힐끔 쳐다보거나 심지어 눈을 감고 이야기하는 사람도 있다. 같은 한국 사람들끼리도 회의할 때는 말하는 사람의 눈을 똑바로 보면서 이야기해야 한다. 이건 유럽과 미국 문화뿐만 아니라 한국에서도 사람의 눈을 피하면서 대화하는 행동은 뭔가 꺼림칙한 인상을 줄 수 있다. 또한 외국 영화에서 보면 어린아이들이 엄마가 야단칠 때 알겠다고 하면서 눈동자를 굴리는 장면을 흔히 본다. 이렇게 눈동자를 굴리는 행동은 유아적인 행동이어서 친구들끼리는 할 수 있지만 공식적인 회사에서 하면 안 된다. 매우 결례되는 행동이다.

손동작도 마찬가지다. 세계 2차 대전 당시 윈스턴 처칠이 사진을 찍을 때 손가락으로 브이를 그리면서 사진을 찍은 것이 유래로 우리도 사진 찍을 때 손가락으로 브이를 그리면서 찍는다. 어떤 사람들은 윈스턴 처칠의 브이 제스처를 승리의 브이(Victory)라고 이야기하지만 숨은 의미도 가지고 있다. 그것은 영국인들이 상대방을 조롱할 때 쓰는 제스처이 기도 하다. 예전 영국 동료가 이야기해준 스토리이다. 옛날 옛적에 프랑 스와 영국이 전쟁을 하는데 영국 군인들이 활을 잘 쏴서 프랑스 군인들 이 영국 군인들을 포로로 잡으면 검지와 중지 손가락을 잘랐다고 한다. 그 이유는 더 이상 영국 군인들이 활을 못 쏘게 만들기 위해서였다. 그래 서 영국 군인들은 프랑스 군인들에게 조롱의 의미로 손등이 보이게 브이 를 보여주는 행동을 했다. 그 조롱의 의미는 '난 아직도 중지와 검지가 있 다.'라는 조롱의 의미이다. 즉, "나(영국 군인)는 너를 화살로 쏘아 죽일 수 있다."라는 뜻에서 유래된 욕이다. 솔직히 말하면 우리가 흔히 아는 'Fxxx You'와 같은 의미다. 그렇기 때문에 유럽인들에게는 상황에 따라 브이 제스처는 실례되는 행동일 수도 있다.

한국 직장인들은 모두 12:00가 되면 약속한 것처럼 몰두하던 일을 내려놓고 점심식사를 하기 위해 다 같이 몰려 나간다. 요즘 젊은 세대들은 혼자 식사하는 경우도 종종 있지만 대부분은 부장님을 중심으로 함께 나가 점심식사를 한 후 커피를 마시면서 돌아온다. 정 많은 한국인들 중 외국인 직장 상사를 챙기기 위해 함께 식사하러 나가자고 물어보는 직원들도 있다. 외국인 직원들은 가끔 같이 가지만 대부분 혼자 간단히 식사를 하든가 점심을 먹지 않는 경우도 있다.

한국인들에게는 식사의 의미는 크다. 집단주의와 관계주의 문화권에서는 식사를 함께 하면서 서로 친분을 쌓을 수도 있고 정보 교류 및 업무 이야기를 계속할 수도 있다. 두터운 관계 형성을 하면서 같은 부서나 팀 사람들끼리 하루의 대부분의 시간을 같이 보낸다. 외국인들은 하루의 대부분의 시간을 같이 보내는 사람과 개인적인 점심시간까지 공유하고 싶어 하지 않는다.

외국인들에게 점심시간은 개인의 시간이거나 업무의 연장 시간이다. 한국 사람들의 점심시간의 의미와는 약간 다르다. 시간과 관계없이 11:00부터 2:00시 사이에 아무 때나 간단하게 식사를 한다. 누구와 점심 약속이 있는 경우에는 한 시간을 꽉 채우지만 혼자서 식사할 때는 대부분 간단한 샐러드나 샌드위치를 본인 자리에서 먹으면서 일한다. 가끔은 식사를 건너뛰고 일을 하는 경우도 많다. 도중에 배가 고프면 바나나, 사과 같은 군것질을 할 뿐이다. 그리고 점심시간에 본인이 바빠서 읽지 못했던 이메일을 처리하는 등 혼자서 해야 할 일들에 몰입해서 일하는 경우가 많다. 대부분 어린 자녀가 있는 직원들은 아이들을 픽업하러 가기 위해 오후 3:30~4:30분경에 나가야 한다. 그렇기 때문에 점심시간을 아껴서 업무를 처리하는 경우가 많다.

우리가 고려해야 할 부분 중 하나는 한국에 나와 있는 유럽이나 미국계 직원들은 쌀이 주식이 아니기 때문에 매 끼니마다 쌀을 먹는 것에 익숙하지 않다. 한국인이 매 끼니마다 밀가루를 먹으면 소화가 잘 되지 않거나 질리는 것과 마찬가지다. 그리고 많은 유럽과 미국 문화권 사람들은 국물 요리에 익숙하지 않다. 스프는 아플 때나 가끔 먹는 음식이지 매 끼마다 먹는 음식은 아니다. 외국에서 스프는 우리가 국을 먹는 것처럼 큰 대접에 먹는 것이 아니고 우리나라로 치면 밥공기보다 약간 큰 그릇에 먹는다. 그렇기 때문에 우리 점심식사 메뉴가 그들의 입장에서 약간은 버거울 수 있다. 유럽이나 미국 영화를 봐도 스프를 매번 끼니마다 먹는 사람은 없다. 반면 한국 사람은 국이나 찌개가 동반된 밥상을 매 끼니마다 먹는다. 또한, 뜨거운 국이나 찌개를 식혀서 먹어야 하기 때문에 점심시간이 서양인들보다 좀 더 걸린다.

외국인들은 매일 같은 사람과 점심식사를 하지 않는다. 일주일에 한두 번은 다른 사람들과 점심 약속을 잡아서 점심식사를 하는 경우가 많고 나머지 요일은 혼자 점심시간을 보낸다. 팀 점심 회식이 아닌 경우 한국식으로 굳이 같은 팀끼리 매일 부장님과 함께 식사하는 문화는 아니다. 한국처럼 관계 중심적인 문화가 아니기 때문에 매일 같은 사람과 식사를 하면서 관계를 지속하는 것이 익숙하지 않다.

예전 동료 L씨가 영국 동료들과 처음 점심식사를 하러 나간 자리에서 문화 충격을 느꼈다고 한다. 그녀가 속해 있던 부서는 전반적으로 젊고 밝은 성격을 가진 영국 사람들이어서 점심식사 시간에 요즘 가장 재미있는 드라마 이야기를 나누었다. 당연히 영국에 도착한 지 24시간도 되지 않은 그녀가 영국에서 제일 핫한 드라마 이야깃거리가 무엇인지 알 일이 없었다. 그녀는 말없이 식사만 하고 있으니 다들 어디 아프냐고 걱정스럽게 묻기만 했다. 그녀가 느낀 건 만일 그녀가 오기 전에 한국 역사 공부를 좀 하고 왔었으면 어땠을까 하는 생각을 했다고 한다. 예를 들어 한국 역사에 대해서 대학 입시 위주로 달달 외우는 공부를 하지 않고 스토리텔링을 할 수 있게 알았더라면 꼭 타국의 현재 인기 있는 드라마를 모르더라도 좀 더 쉽게 어울릴 수 있지 않았을까 한다는 점이다. 비슷한 시기에 한국과 유럽에서는 어떠한 일이 있었는지 비교해보는 것도 재미있었을 것이다.

글로벌 기업에서 일하는 경우 본인의 상사와 1:1 미팅을 하는 경우가 흔히 있는 일이다. 1:1 미팅을 하는 이유는 본인의 상사와 친분을 쌓는 목적도 있지만 현재 업무를 더 잘하기 위해서이다. 대부분 1:1 미팅은 직속 상사와 일주일에 한 번 또는 2주에 한 번 정도 한다. 1:1 미팅 시 다양한 주제의 이야기를 할 수 있는데 대부분 한국 사람들은 이 자리를 어려워한다. 내가 추천하는 1:1 미팅의 주제 중 하나는 나의 커리어를 개발하기 위한 상의를 추천한다. 나의 업무 개선점과 내 커리어의 다음 스텝(next step)을 어떻게 준비하느냐는 것도 중요하기 때문이다. 나의 강점과 단점 중 어떤 것을 향상시켜야 할지 조언을 구하면서 상사와 심도 있는 이야기를 할 수 있는 자리다. 하지만 한국 직원들은 주로 본인의 업무 업데이트 위주로만 생각한다. 때로는 업데이트도 준비해 오지 않고 맨손으로 들어오는 경우도 있다. 대체로 뭘 준비해야 하는지 모르는 경우가 많다. 하지만 상사 입장에서는 현재 진행되는 업무는 이미 알고 있기 때문에 더 이상 업데이트를 딱히 원하지는 않는다. 내가 주로 직원들에게 물어봤던 질문 중 하나는 직원들의 다음번 커리어 스텝(next step)이 무엇이냐는 것이다. 이런 질문을 받으면 대부분의 직원들은 당황해한다. 첫 번째로 제일 먼저 오해를 한다. "제가 뭔가 잘못했나요? 왜 저를 퇴출시키려고 하나요?"라는 질문을 제일 먼저 하면서 표정이 안 좋아진다. 두 번째로는 "생각해 본 적이 없는데요."라고 하거나 "저는 회사가 시키는 대로 하겠습니다."라고 말한다. 이런 대답이 나올 때까지도 매우 경직되어 있는 직원들도 많다. 이런 상황에서 나는 제일 먼저 안심을 시켜줬다. "괜찮아요. 일을 못해서 퇴출시킨다는 생각은 버려요. 오히려 일을 잘해서 꺼내는 이야기에요."라고 안심시켜준다. 그러고는 "고민해보다가 준비되면 그때 다시 이야기해요."라고 하고 대부분 생각해볼 시간을 준다. 그러면 두 가지 부류로 나뉘어서 온다. 한 부류는 끝까지 생각해보지 않는 사람들이다. 간간히 물어보면 "아직도 생각 중인데요."라고만 한다.

그것 또한 개인의 선택이니 존중해 줬지만 내 입장으로서는 그가 뭘 하고 싶은지 모르기 때문에 새로운 기회를 제공해 주기가 어려웠다. 또 다른 부류는 정말 심도 있게 고민해 오는 직원들이다. 그러면서 그들은 "정말 고민 많이 했는데요. 저는 제 자신을 좀 더 정확히 알아야 할 것 같습니다. 그래서 회사에서 제공되는 다양한 기회에 도전해 보고 다양한 경험을 쌓고 싶습니다."라고 이야기한다.

그럼 난 왜 이런 질문을 직원들에게 했을까? 글로벌 기업에서는 상사로서 역할들이 있다. 물론 리더로서 맡은 업무와 임무를 잘 수행하는 것은 당연한 것이다. 그 외에 리더로서 내가 맡고 있는 직원들의 장점을 개발하여 발전시켜주는 것도 중요한 덕목 중 하나다. 즉, 직원의 커리어가 정체되어 있지 않게 꾸준히 발전시켜주고 그의 커리어 목표를 달성할 수 있게 서포트 해줘야 하는 의무가 있기 때문이다. 가끔 이렇게 질문을 하는 사람이 있다. "이런 이야기를 왜 하죠?"라고 물어보면서 불편함을 드러내는 사람들도 있다. 내 짐작에는 본인의 커리어에 대한 이야기를 상사와 한다는 것이 매우 놀랍거나 불편한 것 같았다. 대부분의 케이스는 '나가라는 말인가?'라고 오해를 제일 많이 한다. 물론 본인의 커리어 목표나 개선점에 대해 생각해본 적이 없는 직원들도 많다. 하지만 제일 안 좋은 대답은 회사에서 시키는 대로 하겠다는 대답이다. 그럼 갑자기 화장실 청소를 하는 업무로 바꿔도 괜찮다는 건가? 들었던 중 놀라운 대답 중 하나는 "회사에서 시키는 일이 마음에 안 들면 퇴사하면 돼요."라고 대답하는 경우다. 물론 틀린 말은 아니다. 하지만 내가 이야기하고자 하는 것은 문화를 막론하고 일상생활에서도 본인이 말을 안 하면 아무도 그 뜻을 알아주지도 못하고 무슨 생각을 하는지 모른다. 더 중요한 것은 나 자신을 모르고 산다는 것이다. 알아서 해주는 사람은 영유아기 때 나를 보살펴주던 부모밖에 없다. 아이가 말을 할 줄 알게 되고 의사가 분명해지면 부모도 아이가 말을 해야 무슨 일이 있었는지 또한 무엇을 원하는지 알 수 있다. 특히 직장생활에서는 알아서 해주는 사람은 존재하지 않는다. 그렇기 때문에 본인의 앞날에 대해 누군가 궁금해하고 물어본다면 그 기회를 꼭 잡길 바란다. 당장 실현 가능한 일이 아닐 수도 있지만 그래도 괜찮다. 또한, 본인이 생각하는 기회가 그 조직 안에서 불가능한 기회일지도 모른다. 그럴 때는 본인의 실력을 쌓은 후, 그런 기회를 제공하는 조직으로 이직을 고민해보는 것도 방법이다. 아니면 개인의 능력에 따라 다른 곳의 좋은 기회를 생각지 못한 사람으로부터 소개받을 수도 있다. 사람의 미래 일은 아무도 모르는 것이다. 내가 날 준비시켜 놓으면 생각지 못한 곳에서 기회를 잡을 수 있다.

이런 사고의 차이는 교육과 밥상문화에서도 볼 수 있는 것 같다. 한국인들은 선생님이나 부모님이 시키는 대로 하는 교육 방식에 젖어 있다. 그래서 나는 한국말 표현 중 '말 잘 듣는다'라는 표현을 싫어한다. 성인이 된 후 '나'라는 주체가 왜 맹목적으로 남의 말을 잘 들어야 한다는 말인가? 예전 어느 여직원이 나에게 "제 말만 잘 들으면 자다가 떡이 나와요. 제가 언제나 제 남자친구에게도 그렇게 말해요."라고 말했다. 난 그 당시에도 "그건 가스라이팅 아니니?"라고 그녀에게 말했다.

밥상문화를 봐도 알 수 있는 것은 우리가 식당에 가서 김치찌개를 시키면 찌개만 나오지 않는다. 주로 밥을 포함하여 3~4개의 반찬이 시키지 않아도 따라 나온다. 우리는 그렇게 내가 요구하지 않아도 주어지는 것에 너무나 익숙하다. 가끔 한국 음식이 낯선 유럽인들과 식사를 할 때 그들이 물어본다. "왜 시키지 않은 음식들이 나오나요? 이거 돈 더 받는 거 아니에요?"라고 물어본다. 유럽은 심지어 물도 개인의 취향에 맞게 탄산수를 마실지 미네랄 물을 마실지 선택해야 한다.

부정적인 대화

1:1 미팅 시 가장 힘든 대화는 역시 부정적인 이야기를 서로 나눠야 할 때인 것 같다. 서로 안 좋은 이야기를 하는 상황은 동서양을 막론하고 그리 편한 상황은 아니다.

한국처럼 고맥락 문화에 속해 있는 사람들은 부정적인 피드백을 할 때 직설적이거나 직접적으로 이야기하지 않는다. 최대한 돌리고 돌려서 말한다. 다시 얼굴 보지 않고 관계를 끊을 사이여도 모든 이야기를 다 하지 않는다. 대부분 안 좋은 이야기를 시작할 때는 먼저 윗사람이 요즘 집안에 별일이 없는지, 개인적으로 힘든 일은 없는지, 어디 아픈 데는 없는지 등등 개인적인 사정을 먼저 살핀다.

쉬운 예를 들면 김 차장이 최 대리에게 프레젠테이션 자료를 만드는 것을 맡겼다. 김 차장은 외국인 임원들 앞에서 발표해야 하는 자료이기 때문에 젊은 최 대리가 영어 실력도 좋고 센스 있는 것 같아서 보기 좋게 만들어주길 바라는 마음에 맡겼고 최 대리도 수락했다. 하지만 생각과 다르게 최 대리는 마감일에 맞추지 못할 정도로 속도가 느렸다. 최 대리의 파워포인트 실력은 생각보다 수준이 낮았던 것이었다. 마감일을 맞추려면 손이 빠른 정 과장이 맡아야 할 것 같았다.

이런 경우, 김 차장은 우회적으로 최 대리에게 이야기한다. "최 대리는 프레젠테이션 자료를 만드는 것보다 자료를 수집해 주는 것이 좋을 것 같네요. 최 대리는 인터넷 서치를 잘하고 빠르기 때문에 프레젠테이션에 필요한 자료를 수집해주면 일이 훨씬 빨리 끝날 것 같아요."라고 이야기하면 최 대리는 눈치껏 알아듣는다. 그리고 더 이상 질문 없이 그렇게 하겠다고 한다. 두 사람 모두 서로의 체면을 구기지 않고 좋게 돌려서 이야기하고 끝낸 것이다. 아마 최 대리도 능숙치 않은 파워포인트 스킬로 프레젠테이션 자료를 마감일 전에 끝내야 하는 것이 매우 큰 스트레스였을 것이다. 하지만 침묵의 고통 속에서 누군가 알아주기를 바라는 마음 반, 그래도 맡겨진 일이니 책임감 있게 끝나보겠다는 마음 반으로 참고 있었을 것이다. 그래서 '눈치껏' 최 대리도 정 과장에게 넘기겠다는 동의를 한다. 그러므로 서로 불편하지 않게 불편한 상황을 정리할 수 있다.

하지만, 유럽에서 이 상황이 벌어졌으면 어땠을까? 특히 네덜란드, 독일, 프랑스, 덴마크 등의 북유럽 국가들은 필터 없이 이야기한다고 했다. 상사가 유럽인이었으면 아마도 "최 대리, 생각보다 당신 파워포인트 실력이 없네요. 근데 왜 맡겠다고 했나요? 당신 속도로는 마감일을 못 맞춰요. 정 차장에게 지금 당장 넘겨주세요. 당신의 파워포인트 스킬을 어떻게 향상시킬 것인지 고민이 필요하네요. 다음 주에 있을 1:1 미팅 때 다시 이야기합시다."라고 모두가 있는 자리에서 이야기했을 것이다. 아마 최 대리가 유럽으로 파견 나가서 이렇게 직접적으로 부정적인 피드백을 윗사람에게 받았다면 얼굴이 빨개지고 자존심이 상했을 것이다. 정말 그런 경우가 종종 있다. 하지만 북유럽 문화권 사람들은 이런 직접적인 부정적 피드백에 감정을 섞지 않는다. 북유럽 문화권 기준에 최고의 커뮤니케이션은 정확, 간결, 명확한 메시지 전달이다(Meyer, 2016). 업무 중심적인 문화이기 때문에 커뮤니케이션은 최대한 명확하고 간결하게 해야 서로 오해의 소지를 줄인다. 그렇기 때문에 유럽 대학 교육 시스템도 대학교 1학년 1학기 첫 시간부터 전공필수 과목을 듣는다. 반면 미국은 우리와 비슷하면서도 약간 다르게 교양과목을 1–2학년 때 먼저 듣고 대학교 3학년 때 전공과목을 정한다. 이런 상황에 닥치면 한국 사람들로서는 어떻게 받아들여야 할지 몰라 혼란스러울 때가 있다. 이런 경우 한국 사람들은 감정적으로 받아들여 상황이 안 좋아지는 경우가 많다.

그러면 1:1 미팅 시 상사만 나에게 대한 부정적인 피드백을 할 수 있을까? 그건 아니다. 나도 당당하게 내가 원하는 것을 상사에게 요구해야 한다. 한국 사람들은 상사와 1:1 미팅을 하면 아무런 요구나 요청을 하지 않고 나오는 경우가 흔하다. 동양 철학은 별일 없고 평온하고 고요한 것이 행복이라고 믿기 때문인 것 같다. 그래서 때론 할 말을 꾹 참고 나와서 퇴근 후 친구나 친한 동료와 소주를 마시면서 넋두리를 하는 경우가 있다. 반면 이런 태도를 유럽인들이나 미국인들이 볼 때는 미래에 대한 준비가 없는 사람이나 업무에 관심이 없는 사람으로 생각한다. 여기서의 중요한 점은 한국인 직원도 할 말이 많다는 것이다. 이제부터는 넋두리를 하는 술자리보다는 이런 1:1 미팅을 충분히 활용했으면 좋겠다. 본인의 미래 목표를 생각해 보고 그 미래를 만들어 가기 위해서 본인에게 지금 필요한 게 무엇인지 고민하길 바란다. 또한, 현재 본인 업무를 좀 더 효율적으로 하기 위해 무엇이 필요한지도 고민해 보고 상사에게 도움도 청해보자. 1:1 미팅이 좋은 것은 상대방에게 동등하게 필요한 것을 요청할 수 있다는 것이다. 만일 외국인 상사 말이 너무 빠르면 천천히 이야기 해달라고 요청해도 된다. 아니면 본인 영어를 향상시킬 수 있게 회사에서 제공하는 프로그램을 들을 수 있게 해달라고 요청해도 된다. 또한 외국 상사와 한국식으로 친해지고 싶으면 한국에서는 회식 문화가 중요하니 외국인 상사가 회식에 꼭 참석해주기를 요청해도 된다. 또한, 이때를 활용해서 팀 미팅 시 이야기하지 못했던 이야기도 적극적으로 어필하면 좋다.

유럽 국가들 사이에서도 문화적 차이의 경중은 분명히 있다. 유럽 남부에 위치한 국가인 스페인이나 이탈리아는 북유럽인들보다는 집단주의 성향이 강해서 가족관계를 보다 중요시 생각한다. 또한 핀란드인들은 절대 남의 말을 끊지 않기 때문에 같은 북유럽인들끼리 봤을 때도 조용한 성격으로 보일 수도 있다(Meyer, 2016). 하지만, 그래도 고맥락과 집단주의 끝에 서 있는 한국 문화 관점에서 볼 때는 그래도 한국 문화에 비하면 매우 직설적이다.

미국 문화는 유럽 문화와는 조금 다르다. 사람마다 다르게 느낄 수 있겠지만 내 개인적인 생각으로 미국의 화법은 북유럽과 한국 사이 어디쯤서 있는 것 같다. 그래도 우리 입장에서 봤을 때는 유럽에 조금 더 가깝다. INSEAD 대학의 Erin Meyer 교수 책을 봐도 역시 그렇게 설명한다 (The Culture Map, Meyer, 2016). 미국은 매우 넓은 나라이기 때문에 어느 주에서 왔느냐에 따라서 조금씩 성향도 다를 수 있다. 일반화하는 것은 아니지만 대체적으로 뉴욕시에서 온 뉴욕커들은 북유럽인들 만큼 직설적이면서 본인 주장이 강하다. 아마 〈악마는 프라다를 입는다〉 영화를 보면 메릴 스트립이 극단적으로 아주 잘 묘사해주었다. 이것도 개인의 성격 차이가 분명히 있다. 하지만 미국인들은 부정적인 피드백을 주기 전에 꼭 세 가지 긍정적인 피드백을 먼저 하도록 교육받는다. 그래도 그 사람의 체면을 최대한 살려주려는 노력을 하기 위해 부정적인 면과 긍정적인 면을 최대한 잘 섞어서 이야기한다. 하지만 여기서 오해해서는 안 될 것은 가끔 긍정적인 피드백만 기억하고 나오는 사람들이 있다. 그래서 안 좋은 피드백은 간과하고 칭찬을 듣고 나온 줄 착각을 하는 사람들도 있다. 꼭 기억해야 할 것은 뒤에 주는 부정적인 피드백이다.

이런 직설적이고 부정적 피드백을 어떻게 받아들여야 할지 한국 사람 관점으로는 매우 난처할 것이다. 제일 먼저 직설적으로 부정적인 피드백을 준 사람과의 관계를 의심할 것이다. 그리고 한국 사람이라면 대부분 '저 사람이 날 안 좋아하나?'라고 생각하거나 '갑자기 왜 저러지?'라고 생각한다. 즉, 다시 말하면 개인적으로 받아들여서 매우 위축되고 자존감이 낮아지는 상황으로 간다. 최대한 마주치지 않고 멀리 앉고 가능하면 최대한 빨리 이직 자리도 알아볼 것이다. 특히 그 사람이 내 인사고과를 책임지는 상사라면 더 더욱이나 그럴 것이다. 하지만, 유럽인이나 미국인과의 비즈니스 관계라면 그 생각은 오해다. 한국 사람이 아니더라도 누구나 부정적인 피드백을 좋아하는 사람은 없다. 이런 경우에는 내가 앞으로 어떻게 해야 하는지를 업무 위주로 생각하면 의외로 쉽게 풀리는 문제이다. 그 사람과 나의 관계에 포커스를 맞추지 말고 본인 업무에 포커스를 맞추면 된다. 이렇게 개선되는 태도를 보여주는 것이 신뢰성 회복에 훨씬 큰 도움이 된다. 그리고 외국인 상사도 당신을 높이 생각할 것이다. 누구나 본인의 단점을 고치는 것은 쉬운 일이 아니다. 내가 대학교 1학년 1학기 첫 수학 시험에 'D'를 맞았다. 어느 정도 영어가 능숙해진 후에는 'D'라는 성적은 나에게 보기 힘든 성적이었다. 너무 놀라서 무작정 교수님을 찾아갔다. 그 당시 수학 교수님은 학생들 사이에서 깐깐하고 어렵기로 소문난 교수님이었다. 대학교 1학년인 나는 그저 당황해서 어떻게 해야 할지 몰랐다. 그런 모습을 본 그 교수님이 나에게 어떤 이야기를 했는지 정확히 기억이 나지는 않지만 대략적으로 이런 내용인 것으로 기억에 남아 있다. "1학년 1학기 첫 시험 점수를 잘 맞는 학생은 대체로 드물다. 적응해야 할 시간이 필요하니까. 하지만 노력해서 점점 향상되는 모습을 보여주는 것만으로도 1학년 1학기는 성공이야."라는 내용이었다. 그 후, 정말 열심히 공부해서 두 번째 시험은 'A'를 맞았다. 교수님이 보자고 하시더니 "너처럼 D에서 A로 점프하는 경우도 흔치 않은 경우야. 이렇게 계속하면 어딜 가든 성공할 수 있어."라고 하시면서 칭찬을 해주셨다. 그 후, 그 교수님은 졸업할 때까지 나의 최고의 후견인이 되어주셔서 추천서가 필요할 경우 칭찬을 아끼지 않고 써주셨다. 내가 만일 첫 시험결과 'D'로 "저 깐깐한 교수님은 역시 소문대로 시험문제가 어렵구먼. 내가 시험을 망쳤으니 날 바보로 생각할 거야."라고 결론을 내렸거나 "역시 듣던 대로 깐깐하네. 저 교수님 나랑 안 맞는 것 같아. 수학은 포기하자."라고 포기해버렸으면 나 자신을 다시 증명해 보이지 못했을 것이다. 또한, 위 최 대리 예를 다시 보자. 최 대리도 그의 파워포인트 스킬이 문제였던 것이지 최 대리라는 사람의 문제는 아니었다. 최 대리가 본인 파워포인트 스킬을 향상시키기 위해 수업을 듣고 계속 연습해서 과장님 이상의 파워포인트 스킬을 쌓으면 그를 보는 많은 사람들이 최 대리를 가능성 있는 직원으로 생각할 것이다. 물론, 시간은 걸린다. 하지만 그 시간을 단축시키는 것도 최 대리의 몫이다. 그러다 보면 실력을 쌓는 동안 분명히 다른 기회에 본인의 실력을 다시 증명해보일 수 있는 기회가 올 것이다. 그러면 상사가 외국인이든 한국인이든 상관없이 신뢰는 높아질 것이다.

5

3:00
달달이와 카페인이 땡기는 오후

누구나 늦은 오후가 되면 피곤해지기 마련이다. 그럴 때면 잠깐 커피를 마시거나 시원한 외부 공기를 쐬면서 다시 에너지를 충전시킨다. 유럽인들과 미국인들이 아무리 업무 지향적이어도 점심식사도 거르고 사무실에서 100%의 시간을 일에만 쏟지 않는다. 그들도 사람인지라 매일 친한 동료와 한마디 말도 안 하고 하루 종일 대부분의 시간을 로보트처럼 일만 하면서 보내는 것도 매우 힘든 일이다. 유럽인들과 미국인들 역시 오후에 차나 커피 마시는 시간을 활용해서 잠깐씩 친한 동료들과 담소를 나누는 시간을 갖는다. 15분에서 30분 정도 친한 동료나 업무적으로 친분을 쌓아야 하는 사람과 함께 커피나 차를 마시자는 약속을 한다. 하지만 이런 담소 시간은 최대한 30분을 넘기지 않는다. 사전에 약속을 방해받지 않고 남에게 피해주지 않게 작은 회의실을 예약해둔다. 캠퍼스식의 사무실일 경우에는 카페테리아나 카페에서 이야기를 나눈다. 그럼 얼마나 자주 할까? 아무리 친한 동료라도 이런 약속을 매일 하지는 않는다. 유럽인이나 미국인들은 보다 많은 사람들과 만나는 것을 중요시 생각하며 네트워크를 넓힌다. 그렇기 때문에 매일 같은 사람과 식사를 하거나 커피를 마시는 일은 드문 일이다. 매번 다른 사람을 만나기 때문에 대화 내용 역시 다양하다. 업무 이야기부터 개인적인 이야기까지 모두 가능하다. 얼마나 친한지에 따라 공적과 사적 이야기의 밸런스가 다를 뿐이다.

오후에 커피를 마시면서 잠깐 바람을 쐬러 나갈 때도 아침 출근시간에서 본 것처럼 집단으로 몰려나가는 일은 매우 드물다. 한국 직장인들은 쉬는 것도 모두 함께 쉬러 나간다. 회사 내에 카페나 휴식공간이 있으면 모두 함께 모여 있다. 간혹 이런 공간에서 한 시간 이상씩 업무와 전혀 상관없는 잡담을 하는 사람들도 있다. 이건 외국인이든 한국인이든 좋게 보는 사람은 없을 것이다.

한국은 비즈니스 시작 전에 '상견례'를 한다. 특별한 목적이 있어서 만나는 것이 아니라 비즈니스를 시작하기 전에 만나서 인사하고 앞으로 잘 해보자는 의미의 자리이다. 한국 문화가 익숙하지 않은 유럽인이나 미국인들은 '상견례' 자리를 매우 어색해 한다. 어떻게 행동해야 할지도 몰라 하고 무슨 대화를 해야 할지도 몰라 어색해한다. 외국인들은 처음 만난 자리라도 언제나 뚜렷하게 비즈니스를 위한 목적을 가지고 만나는 반면 그냥 서로 인사만 하려고 만나는 자리는 드물다. 한국으로 발령 나온 외국인 직원들이야 한국 문화를 배우면 되지만 만일 외국으로 나갔는데 특별한 안건 없이 '비즈니스 상견례'를 요청하면 곤란한 상황에 처할 수 있으니 조심해야 한다. 매번 새로운 외국인 사장님이 한국에 오시면 고객사들 쪽에서 상견례를 신청한다. 한번은 상견례에 통역을 하러 들어갔는데 사장님이 나에게 "제인, 무슨 이야기를 해야 해요? 비즈니스 안건도 없다는데 무슨 이야기를 하면 좋아요?"라고 물어보셨다. 난 "그냥 정말 인사(say hello)하시면서 앞으로 많이 도와달라고 하시면 됩니다."라고 했다. 사장님은 미팅 시간 내내 어색해하면서 두 손만 만지작거렸다. 고객사 쪽도 마찬가지로 외국인과 어떤 이야기를 나눠야 할지 몰라서 어색하게 20분 정도 앉아서 웃고만 있다가 끝났다. 나중에 그 사장님은 한국에 완벽히 적응한 후, 한국인보다 더 한국인처럼 이런 자리를 대처했다.

잘 모르는 사이일수록 네트워크를 넓히려고 약속을 잡을 수 있다. 하지만 만나는 목적이 분명해야 다음번 만남의 의미가 훨씬 깊어질 것이다.

6

4:00
달나라 프레젠테이션은 이제 그만!

그동안 열심히 준비한 프레젠테이션을 드디어 사장님을 포함한 모든 임원들 앞에서 우리 팀이 발표해야 하는 시간이 왔다. 사장님을 포함한 임원들은 7-8명 정도 되는데 한국 임원 3-4명을 뺀 나머지 임원들은 다양한 유럽 국가에서 온 사람들이다. 사장님과 임원들이 허락해준 시간은 질의응답까지 포함해서 60분이다. 60분 안에 질의응답까지 끝내려면 프레젠테이션은 짧고 임팩트 있어야 한다.

이 상황에서 여러분은 성공적인 프레젠테이션을 어떻게 생각하나?

　많고 많은 자료를 추려서 최대한 많은 양의 정보를 프레젠테이션 슬라이드에 넣고 수집한 정보를 모두 보여주자는 전략을 세웠다. 그리고 발표할 때에는 한 문장 한 문장씩 슬라이드에 적혀 있는 대로 읽어 내려간다. 혹시 몰라 뒤에 부록(appendix)에는 추가 자료를 어마어마하게 준비해 넣어두었다. 그러다 보니 발표자는 참석한 임원들의 얼굴을 보기보다는 프레젠테이션 슬라이드에서 눈을 뗄 수가 없다. 그리고 중간에 갑자기 질문이 들어오면 매우 당황해 한다. 왜냐면 본인이 시뮬레이션 했을 때에는 질문이 들어오는 것을 상상하지 않았었기 때문이다. 또한, 어마어마한 자료를 모두 보여주면서 읽어 내려가다 보니 질문 받을 시간도 없이 어느새 약속된 시간은 거의 다 지나가고 프레젠테이션은 끝내지 못했다. 다행히 뒤에 중요한 회의가 없는 임원들은 남아서 들어주지만 뒤에 중요한 회의가 있는 임원들은 결론을 듣지 못한 채 자리에서 일어나야 한다. 그러니 임원들의 결정이 필요한 프레젠테이션 자리였다면 다시 미팅을 잡아야 하는 불상사도 있다. 가끔 성격 급한 임원은 그렇게 많은 시간을 투자해서 만든 프레젠테이션 자료 중간 부분을 건너뛰고 결론 슬라이드로 점프하라고 요구하는 경우도 있다. 이런 요청이 몇 번 반복되면 프레젠테이션을 하는 사람은 혼란스러워지고 당황하며 보는 사람들도 중간에 잠깐씩 딴 생각을 한다. 또한 결론을 보여줄 수 있는 슬라이드가 있으면 그나마 다행이다. 프레젠테이션 슬라이드는 수집한 자료를 위주로 만들었다 보니 팩트만을 나열해 놓은 정보 수집 자료일 경우가 대부분이다. 즉, 프레젠테이션을 하는 사람의 의견이나 결론은 없다.

그러면 어떻게 60분 안에 내 뜻을 관철시키면서 다국적 임원들에게 임팩트 있고 인상에 남을 프레젠테이션을 할까?

한국 문화는 큰 것에서부터 시작해서 작은 것(Macro to Micro)으로 설명을 한다. 반면에 유럽이나 미국 문화는 작은 것에서 시작해 큰 것으로(Micro to Macro) 끝낸다(Meyer, 2016). 쉬운 예로 주소 쓰는 방법을 보면 안다. 한국은 내가 사는 '도'를 제일 먼저 쓰고 '구', '동' 또는 '도로 명', '번지 수', '아파트 이름', 그리고 '동과 호수'를 쓴다. 미국이나 유럽을 보면 먼저 '우리 집 호수', '도로명', '카운티', '시' 그리고 '주' 순으로 쓴다.

글로벌 기업이 원하는 프레젠테이션 자료는 결론을 앞부분에서 말하고 왜 그 결론에 도달했는지에 대한 증명을 중간 부분에서 뒷받침해줘야 한다. 그리고 마지막에 주요 요점으로 다시 한 번 정리하여 본인의 주장을 한 번 더 각인시키는 결론으로 끝낸다. 중요한 것은 본인의 생각이 담긴 결론이다.

미국 선생님들은 학생들에게 "무엇을 말하려고 하는지 먼저 말하고,

예를 들어 말하고, 무슨 말을 했는지 다시 정리해서 말하라."라고 영어 시간에 가르친다. 그렇기 때문에 상황 빌드업에 너무 많은 시간을 쓰지 말고 결론에 포커스해서 말하는 것이 좋다.

종종 결론 없는 프레젠테이션을 많이 본다고 외국인 동료들이 말을 한다. 대부분 외국 문화에서는 어떠한 주제로 사람들 앞에서 이야기할 때에는 발표자의 관점에서 주제를 바라보는 견해가 필수적으로 있어야 한다. 그 견해가 틀릴 수도 있고 맞을 수도 있다. 여러분은 틀림에 대한 두려움에서 벗어나길 바란다. 왜냐면 주관적인 견해가 빠진 프레젠테이션은 매우 실망스럽다는 평가를 받는다. 앞에서 이야기했듯이 계층별 문화권인 한국 직장인들은 상사에게서 디렉션 즉, 지시를 받기를 원한다. 그렇기 때문에 상사에게 프레젠테이션을 할 때는 상사가 결정 및 지시를 내릴 수 있게 최대한의 정보를 수집해 간다. 상사는 지시를 내리지 않으면 무능력한 상사가 되어버린다. 하지만 분석적인 사고방식을 요구하는 서양문화권에서는 업무 담당자가 그 자료의 정보를 분석하여 결론을 말해주기를 원한다. 또한, 결론에 대한 근거 분석을 잘 함축하여 설명해주는 논리 있는 생각을 보여주어야 한다. 틀려도 상관없다. 나의 결론을 뒷받침하는 이유가 타당한 분석에 의해 결론에 도달했다는 것을 보여주면 된다. 외국인들은 한국 직급 과장 이상이면 본인 분야에서 어느 정도 경력 있는 전문가라고 생각한다. 그렇기 때문에 전문가 입장으로 문제의 해결책을 요구한다. 하지만 한국에선 아무리 부장 타이틀을 달았어도 문제가 생기면 해결책 없이 상사를 찾아가 답을 달라고 한다. 이런 방식으로 글로벌 회사에서 일하면 매우 곤란한 상황에 처하게 될 것이다. 외국인 상사의 자료 해석과 문제 해결 방식 차이를 이해하지 못하면 서로 무능한 사람으로 오해만 쌓여간다.

두 번째로는 스토리텔링이다. 이 책은 프레젠테이션을 어떻게 만드는지 가르쳐주는 책이 아니기 때문에 스토리텔링 기법에 대해서 깊게 이야기하지 않겠다. 난 단지 프레젠테이션을 만드는 사고방식의 차이에만 초점을 두고 이야기하겠다. 왜냐면 스토리텔링은 프레젠테이션을 진행하는 사람의 사고방식(Thinking Process)을 보여주기 때문이다. 본인의 생각을 전달할 때 어떤 논리적인 방식으로 보여줘야 가장 설득력이 있을지 먼저 고민해야 한다. 그리고 그 논리적인 생각에 맞게 첫 장부터 마지막 장까지 동화책을 읽어나가듯 전개해나가는 것이 중요하다. 즉, 기승전결을 어떠한 방식으로 보여줄 것인가이다. 중간에 맥락이 끊긴다든가 삼천포로 빠지는 구성을 가지지 않게 해야 한다. 유럽과 미국 교육은 논리적

사고(logic)가 중요하다. 학교에서 수학을 배울 때 답이 맞아도 답을 구하는 공식이 틀리면 감점이 된다. 그래서 아주 사소한 사칙연산까지도 시험지에 다 보여줘야 한다. 만일 답이 틀려도 푸는 공식과 과정이 맞으면 선생님의 성격에 따라 크게 감점 처리를 하지 않거나 아예 맞는 걸로 해주는 경우도 있다. 그래서 중학교부터는 수학시험일 경우는 5문제 정도를 주고 어떻게 풀었는지를 꼼꼼히 체크한 후 성적을 매긴다. 결론도 중요하지만 그 결론에 어떻게 도달했는지, 또한 어떠한 서포팅 아이디어(Supporting ideas)를 보여주었는지를 논리적으로 보여주는 것이 매우 중요하다.

　추천하고 싶지 않은 프레젠테이션은 상황1에서 나왔듯이 **빽빽**하게 글로 채워온 슬라이드의 모든 문장을 하나씩 읽어 내려가는 프레젠테이션이다. 또한 기승전결 없이 정보만 수집해놓은 슬라이드는 논리적이지 않아 보이는 프레젠테이션이다. 이런 프레젠테이션은 대부분의 참석자들의 집중도를 떨어트리게 만든다. 때로는 급하게 결론부터 이야기하라고 재촉하는 사람도 있다. 임원들이 참석하는 프레젠테이션 자리는 '나'라는 사람과 나의 회사 기여도를 보여줄 수 있는 매우 좋은 자리다. 좋은 기회를 최대한 활용하려면 국어책 읽듯이 수집한 정보를 딱딱하게 읽어 내려가는 것보다 스크립트를 작성해 가더라도 참석자들의 얼굴을 보면서 재미있는 스토리텔링을 하듯 이야기하라. 그러면 참석한 임원들의 집중도와 참여도를 훨씬 더 끌어올려 당신의 이야기를 경청하게 만들 수 있다. 그러려면 슬라이드는 최대한 간결하고 심플하게 보이게 만들어야 한다. 컨설팅 회사에서 프레젠테이션 슬라이드를 만드는 방법에 대해 교육도 있고 관련 서적도 많이 나와 있으니 이런 자료를 참고하면 좋을 것 같다. 반면, 때로는 외국인 상사가 어떤 주제에 대한 정보를 요구하는 경우도 있다. 그럴 때는 최대한 빡빡하게 모든 정보를 보여주는 식의 슬라이드를 작성하는 게 좋다.

상황 3

세 번째로는 질문과 답변이다. 앞에서 이야기했듯이 유럽 교육은 비판과 지지를 토대로 한 토론 문화다. 미국 역시 궁금한 사항은 그때그때 질문하도록 교육받는다. 반대로 한국 사회는 남의 말을 끊으면 안 된다고 어릴 때부터 교육 받으면서 커왔다. 한국 사람들처럼 끝까지 프레젠테이션을 들어준 후 한 명씩 손들고 질문을 해주면 좋겠지만 외국인 임원들은 프레젠테이션 시작과 동시에 질문을 한다. 종종 잠깐 인내하고 들어주면 묻지 않아도 되는 질문을 하는 성미가 급한 임원들이 있다. 그들은 바로 결론으로 들어가라고 하거나 때로는 본질에서 벗어나는 질문도 한다. 예를 들어, 지금 이야기하는 내용이 주제와 연관성이 없어 보인다든지, 발표자의 견해가 약하다고 생각한다든지, 계획이 생각대로 되지 않았을 때 보안 플랜은 뭔지, 때로는 이기적으로 본인의 이익에만 초점을 두고 반대만 한다든지 등등. 대부분 안 좋은 질문을 많이 던진다. 또한 임원의 성격에 따라 비판의 수위 또한 천차만별이다. 프레젠테이션 중간 중간 마구 쏟아내는 임원들의 질문이 버겁게 느껴질 것이다. 물론 영어 실력도 한몫을 하지만 꼭 영어 실력만 일까? 영어로 받은 질문을 이해하고 다시 영어로 답변하려면 시간이 걸리는 것은 맞다. 하지만 수위 높은 비판은 한국말로 받아도 당혹스럽기는 마찬가지일 것이다. 드라마를 봐도 한국 회사에서는 임원들이 발표자에게 비판적인 질문을 하면 발표자는 모든 질문에 답변하지 않는 경우도 있다. 아니, 못 한다. 그러면 오히려 말대꾸하는 격이 되어 상황을 더 안 좋게 만들 수도 있다. 하지만 글로벌 기업에서 일한다면 이런 상황에서는 일단 한국적인 사고방식은 접어 두어야 한다. 한국식 사고방식의 말대꾸라는 개념은 한국 사람들만 아는 개념이다. 그 자리에서 만큼은 직급과 상관없이 동등하게 할 말은 다 해야 한다. 독일에서 근무할 때 인턴으로 우리 부서에 배정받아 근무하던 독일 대학생들이 있었다. 우리 부서 특성상 그들도 회사 CEO가 참석하는 미팅에 서기로 참석해야 했다. 그들은 그런 미팅 때마다 거침없이 그들의 의견을 자신감 있게 이야기하고 받아들여지지 않는다고 주눅들지 않았다. 또한 그들이 가끔 상황에 맞지 않는 이야기를 해도 아무도 그들에게 핀잔을 주거나 말리지 않았다. 왜냐면 그건 그들의 생각이고 존중해줘야 하니까. 아마도 한국에서 그 인턴 직원들이 그룹 CEO가 참석하는 회의에서 본인 의견을 크게 이야기했으면 아마 다들 말리거나 나중에 불려가 한 소리 들었을 것 같다.

특히 프레젠테이션 중간에 나오는 질문은 되도록이면 다 답변을 해주는 것이 외국인 동료들에 대한 예의다. 그건 그들의 의견과 생각을 인정해준다는 행위이기 때문이다. 어떤 직원은 프레젠테이션 발표 자료를 달달 외워 오는 경우가 있다. 가끔 이런 경우에는 질문을 무시하고 계속 프레젠테이션을 진행하는 경우도 봤다. 아마도 정신이 없었던 것 같다. 본인이 외워온 것도 버거운데 계획에도 없는 질문이 불쑥 들어오니 머리가 하얗게 되면서 몹시 당황스러웠던 것 같다. 이럴 경우에는 어떻게 하면 좋을까?

가장 효과적이었던 방법 중 하나는 미팅 전 나올 만한 모든 질문을 내 자신이 그들의 입장에서 나에게 질문하고 답변을 준비해가는 것이다. 그 아이디어가 진정 본인 아이디어라면 대부분 답변할 수 있다. 또한 이러한 방법은 본인의 아이디어를 더욱 풍성하게 만들어준다. 만일, 더 이상 생각해낼 질문이 없을 경우에는 옆 동료나 연관 부서 동료에게 먼저 자료를 보여주고 그 부서 임원이 질문할 만한 것을 물어보는 것도 방법이다. 이렇게 여러 동료의 도움을 받으면서 서로 업무에 대한 입장도 이해하고 신뢰를 쌓는 것도 좋은 방법이다. 이렇게 준비할 경우, 본인이 예상한 질문에서 크게 벗어나는 경우는 드물다. 또한, 긴장해서 영어로 답변이 막히면 옆에 같이 참석한 같은 부서 동료들이 답변을 대신해주는 것도 방법이다. 프레젠테이션을 진행하는 사람보다는 덜 긴장하고 있으니 상대적으로 대신 답변을 해주는 것도 좋은 팀웍이다. 하지만 가끔은 내가 만반의 준비를 했더라도 뜻밖의 질문이 나올 경우가 있다. 이럴 때는 모국어로 질문을 받아도 매우 당황스럽고 진땀이 날 것이다. 이럴 때 억지로 답변을 만들어서 하는 경우를 본다. 그럴 때는 반응 역시 엉뚱하게 나온다. 그렇기 때문에 모르면 모른다고 솔직히 말하자. 한두 질문 답변 못 했다고 자괴감을 가질 필요는 없다. 가끔 모르면서 엉뚱한 답변을 하다가 신뢰만 잃는 경우가 있다. 회사는 교과서를 얼마나 잘 외워왔는지를 시험 보는 학교가 아니다. 대부분 임원들은 이런 엉뚱한 답변을 들으면 발표자가 모른다는 것을 안다. 그러면 신뢰만 잃을 뿐이다. 모르면 모르겠다고 솔직히 말하는 게 훨씬 용기 있고 더욱 자신감 있어 보이는 인상을 준다. "거기까지 미처 생각해보지 못했습니다. 꼭 수일 내로 그 질문의 답변을 개별적으로 알려드리겠습니다."라고 말하고 그 질문을 받아 적어서 말한 대로 꼭 그 임원에게 이메일로 답변을 하길 바란다. 가끔 임원들 앞에서 프레젠테이션 할 때 몇 개의 질문에 제대로 대답하지 못하고 나오는 경우가 있다. 그러면 대답을 못 한 직원은 마치 시험을 망친 것 같은 표정으로 절망하면서 나온다. 모른다고 이야기하는 것과 도와 달라고 이야기하는 것은 용기가 필요한 행동이다. 또한, 그러한 질문으로 내가 미처 몰랐던 부분을 배울 수 있는 기회이기도 하다.

때론 프레젠테이션 중 아이디어가 변경되어 예상치 못한 많은 질문들이 나올 때가 많다. 비즈니스 상황에서 예상할 수 없는 변수는 무한대이다. 생각대로 흘러가는 것은 아무것도 없다는 것을 받아들이면 스트레스를 덜 받는다. 그럼 어떻게 하면 좋을까? 이런 경우 모든 질문에 답을 한다는 것은 불가능하다. 아마 AI도 모든 질문에 답변을 하지 못할 것이다. 어떻게 변경된 아이디어를 준비할 수 있겠는가. 이럴 때는 얼른 "Parking Lot(주차장)"이라고 칠판에 쓰고 나온 질문을 모두 적는다. 그런 후, 누가 어떤 질문을 했고 언제까지 답변해줄 것인지를 정하고 헤어지면 된다.

여기서 중요한 포인트는 두 가지이다. 첫 번째는 모르면 솔직하게 모른다고 대답하는 용기이다. 괜히 모르는 질문에 억지로 대답하다가 신뢰만 잃지 말았으면 좋겠다. 두 번째는 모르는 질문을 받았을 때 대처하는 방법이다. 그냥 슬쩍 넘어가든지 아니면 적극적으로 모르는 분야를 알아가려고 하는 태도를 보여주는 것이다.

7

5:00

이사님, 잠깐 결재받을 게 있는데요

정 차장은 결재받을 서류도 있고 보고해야 할 사항도 있어서 외국인 상사 사무실로 찾아갔다. 외국인 상사가 혼자 사무실에서 조용히 업무를 보고 있다. 대부분 이런 경우 한국 사람들은 노크와 함께 인사를 하면서 불쑥 들어가 잠깐 보고드릴 사항이 있다고 말하고 앉을 것이다. 그러면서 예정에 없었던 미팅을 한다. 때론 이렇게 불쑥 찾아가서 한 시간 이상 이야기하는 경우도 있다. 반면 한국인 임원들은 일하는 직원을 갑자기 불러 지난번 업무에 대한 보고를 하길 바라며 예정되지 않은 미팅도 한다. 만일 이런 문화를 이해하는 외국인 상사면 괜찮다. 하지만 외국에서 근무할 경우 이런 행동은 실례되는 행동이다. 잠깐 10분 안에 끝날 수 있는 상황이면 괜찮지만 대부분 한국 직원들은 자리를 잡고 앉아서 한 시간 이상씩 이야기를 한다. 내가 가장 안 좋아하는 것은 하루 종일 아무 말 없이 있다가 상사가 퇴근할 때 꼭 따라와서 쉽게 끝나지 않을 업무 이야기를 시작하는 경우가 있다. 당하는 상사 입장에서는 유쾌하지 않다.

상사들도 하루 종일 쌓인 이메일을 읽으면서 답해주는 것만 해도 시간이 모자라다. 그런데 약속도 없이 갑자기 찾아와서 결제해 달라고 조르거나 업무에 대한 보고를 하면 그 사람의 업무 중요도 순위가 깨질 때가 있다. 퇴근 후 약속이 있어서 급히 나가는 상사를 붙잡고 쉽게 끝나지 않을 업무 이야기를 시작하는 경우도 마찬가지다. 이런 경우 비서가 있을 시에는 약속 시간을 잡아 보고하고 결재받는 게 제일 좋다. 한국처럼 불쑥 들어갈 경우에는 대부분 쫓겨날 수도 있다. 그리고 원치 않게 무례하다는 인상을 줄 수도 있다. 비서가 없을 경우에는 회사에서 사용하는 전산 시스템을 사용하여 상사의 스케줄을 보고 약속을 잡으면 된다. 매우 급한 사항이면 먼저 이메일로 업데이트를 하고 문자 메시지를 해도 좋다. 하지만 상사가 미팅 중 알아야 할 정도의 중요한 사안이여야 한다. 가끔은 급하게 개인 법인카드 결제일을 맞추기 위해 개인 정산 요청을 한 후, 승인 요청 버튼을 누르자마자 급하게 뛰어와 결재해 달라고 조르는 상황이 있다. 심지어 승인요청 이메일이 오기도 전이다. 하지만 상사가 너무 바쁘거나 외근이 많아서 결재건들을 처리 못 하고 있을 때가 있다. 이럴 때는 비서를 며칠 전부터 적극 활용하거나 텍스트 메시지를 이용하는 것이 좋다. 가장 안 좋은 경우는 아무 말 없다가 급하게 마감일이 코앞에 닥쳐서 요청하는 것이다. 왜냐면 본인의 업무 스케줄은 본인이 제일 잘 알아서 관리해야 한다. 이런 행동은 스케줄 관리를 못 하고 방치해두었다는 생각을 들게 만들기 때문이다. 글로벌 기업에서 임원들은 정말 바쁘게 일한다. 그들의 업무량은 여러분들이 생각하는 상상 이상이다.

보고 시점

외국인 임원들은 서프라이즈를 싫어한다. 하지만 우리는 어쩔 수 없이 긴급한 상황을 맞이한다. 리테일 회사에서 흔히 겪는 예를 하나 들어보겠다. 명동 매장 건물주가 갑자기 계약기간 만료와 함께 나가 달라고 담당자 A씨에게 전화를 했다. 계약 기간 만료까지는 앞으로 10개월 정도 남았다. 2개월 전에 만났을 때만 해도 이런 이야기는 없었다. 명동 매장은 전략적으로 매우 중요한 매장이다. 엄청나게 들어간 인테리어 비용의 감가상각은 코로나 탓에 아직 끝나지도 않았다. 또한, 브랜딩을 하기에는 최고의 위치에 있다. 코로나까지 덮쳐서 명동거리가 3년 동안 완전히 죽었다 보니 감가상각 시기를 3년 더 연장해야 하고 모든 방면으로 봐도 지금 매장을 빼면 회사로서는 손해가 매우 크다. 특히 지금은 코로나가 풀리기 시작하면서 관광객이 조금씩 늘어가는 상황이다. A씨는 본인이 맡은 일을 잘하고 싶어 하는 마음이 매우 크다. 그리고 어떻게 해서든 본인 선에서 일이 커지지 않게 처리해 보겠다고 결심했다. 그래서 건물주를 만나 자초지종 이야기를 들어보려고 한걸음에 달려갔다. 하지만 건물주를 만나지 못했다. 다음 날 다시 찾아가 겨우 만날 수 있었는데 건물주 말은 이렇다.

"예전부터 사고 싶었던 건물이 강남에 있습니다. 별안간 그 건물이 시장에 나왔다고 얼마 전에 부동산에서 연락을 받았어요. 그러려면 이 건물을 팔아야 합니다. 그런데 마침 이 건물을 사겠다는 사람도 나타났어요. 그래서 급하게 내린 결정이니 좀 이해해 주세요. 사전에 이야기 못한 건 새 건물주가 소문나는 것을 극도로 싫어해서 쉬쉬 했습니다."

A씨는 바로 직속 상사 B부장에게 보고 했다. B부장은 "나와 함께 지금 건물주를 다시 만나 현재 매장을 빼지 않는 방향으로 설득해 봅시다." 하지만 전화를 받은 건물주는 불편한 자리를 피하려고 핑계를 대면서 대답했다.

"어휴, 이를 어쩌죠? 제가 다음 주에는 처가 제사도 있고 매형 생신도 있네요. 제일 빨리 만날 수 있는 게 2주 후에나 가능하겠는데요."라고 답했다.

담당자 A씨와 B부장은 걱정이 태산이다. 하지만 아직도 본인들 선에서 뭔가 해야 한다는 생각에 외국인 C임원에게는 보고하지 않았다.

약속 날에 기존 건물주를 다시 만나니 똑같은 이야기를 한다.

"예전부터 사고 싶었던 건물이 나왔는데 돈이 모자라서 어쩔 수 없이 명동 건물을 팔아야 하네요. 새 건물주를 생각보다 빨리 찾았는데 새 건물주가 건물을 리모델링하고 싶어 해요. 보시다시피 건물이 좀 오래 됐잖습니까. 그래서 지금 있는 모든 매장들을 철수시켜 달라네요. 아시다시피 비만 오면 누수 문제가 꼭 생겼잖아요. 빌딩 리모델링 후 다시 인테리어해서 들어오세요." 이게 뭔 말인가? 이 사람은 내 처지와 상관없이 다시 인테리어를 해서 들어오라는 말을 한다. 처음 전화 받았을 때와 달라진 상황은 아무것도 없었다. 담당자와 부장님은 부랴부랴 새 건물주와 미팅을 잡았다. 그 사이 다른 매물이 있는지 알아봤지만 현재 건물처럼 좋은 위치와 조건의 매물은 없다. 또한 코로나 회복기에 접어들면서 근처 공실 매장들의 계약이 모두 끝났다. 새 건물주와의 미팅은 10일 후에나 잡혔다.

새 건물주의 비서가 하는 말이 "지금 태국으로 골프 여행을 가셨습니다. 최대한 빨리 약속을 잡을 수 있는 게 10일 후 입니다." 10일 후, 새 건물주를 만나보니 생각이 확고하고 이미 건축 사무실과 도면을 보면서 이야기를 나누고 있었다. 태국 골프 여행도 건축사무실 사장과 함께 다녀왔다. 담당자 A씨와 B부장은 이제는 본인들도 어떻게 할 수 없다는 생각에 외국인 C임원께 보고하기로 결정했다.

이 상황을 보고 받은 외국인 상사의 반응은 어떨까? 두 사람의 이야기를 귀담아 들어주고 그동안 마음고생 많았다고 위로도 해주는 동시에 두 사람이 생각지 못한 기발한 대안을 제시해줄까? 아니다. 그는 왜 지금 보고를 하느냐고 매우 화를 낼 것이다. 담당자 A씨가 건물주에게 처음 내용을 전달 받았을 때보다 거의 4주가 흘렀다. 그 사이에 다른 매물을 알아보긴 했지만 아무것도 없다는 이야기도 했다. 왜 외국인 상사가 화를 내는 것일까? 담당자 A씨와 B부장은 억울한 생각이 들면서 외국인 임원은 한국 시장에 대해서 아무것도 모르고 디렉션이 없다고 생각할 것이다. 왜냐면 그가 해결책을 알려주기는커녕 본인들 탓만 한다고 생각한다. 그들은 최대한 본인들 선에서 어떻게 해보려고 노력했다. 그리고 새로운 건물주의 상황으로 나가라고 이야기한 것이지 내가 뭔가 잘못해서 나가라는 상황은 아니지 않는가? 그리고 상사는 임원으로서 해결책을 줘야지 왜 우리에게 화만 내고 있는가?

이 상황을 누구의 편도 들지 않고 객관적으로 한번 바라보자.

첫째, 담당자 A씨가 처음 전화를 받았을 때부터 외국인 상사에게 보고될 때까지 4주 이상의 시간이 그냥 흐른 것이다. 건물주를 누가 만나든 결론은 같을 것이라는 추측은 담당자 A씨도 B부장도 4주 시간 동안 할 수 있었을 것이다. 객관적으로 봤을 때 신속하게 임원에게 보고했다면 그 사이에 발생할 손실이 얼마일 것이고 손실을 어떻게 매꿔야 할 것인지 고민할 수 있는 시간을 빼앗긴 것이다. 둘째, 외국인 임원도 그의 상사에게 보고를 해야 하고 그 상사도 그의 상사에게 보고해야 한다. 글로벌 회사는 거미줄처럼 복잡하게 엮여 있는 관계가 많다. 그들의 상사에게 보고할 때 4주의 시간 손실을 어떻게 설명하라는 말인가. 대부분 지사장이 본사 사장에게 보고할 때는 손실을 어떻게 보존할 것인지에 대한 계획을 가지고 들어가야 한다. 그러기 위해선 여러 가지 측면에서 시뮬레이션을 해보고 계산도 해봐야 한다. 심지어 전략도 수정해야 하는 상황이 올 수도 있다. 이렇게 준비한 계획도 쉽게 통과되는 경우가 흔치 않다. 그렇기 때문에 시간은 생명이다. 셋째, 이 모든 상황을 종합해 보면 아마 외국인 상사는 화가 많이 나 있을 것이다. 이미 시간은 흘러갈 대로 흘렀고 두 직원은 4주 동안 두 건물주를 만나는 것 외에는 무엇을 했을까 하는 생각을 할 것이다. 최악의 경우 늦장 보고로 담당과 부장이 모든 것을 책임져야 할 상황이 올 수도 있다. 또한 그 둘은 해결책이나 본인의 의견은 아무것도 없이 그냥 일이 일어났으니 어떻게 하면 좋겠냐고 들어왔다. 외국인 상사 입장에서 A와 B는 모두 무능한 사람이라고 생각할 것이다.

그럼 어떻게 하는 것이 제일 좋을까? 이처럼 매우 중요한 사안은 처음 건물주에게 전화를 받았을 때 임원에게 이메일로 먼저 보고하고 전화하기 어려운 상황이면 텍스트 메시지라도 남기는 것이 좋다. 때론 관련 부서들에게 알리는 것도 좋다. 그러면 아무리 바쁜 상사도 상황의 심각성을 알고 전화를 하든가 미팅을 하자고 부르든가 할 것이다. 하지만 외국인 상사와 이야기하기 전 꼭 어떠한 방법을 시도해보면 좋을지 손실 금액이 얼마일지 등 대안을 가지고 이야기해야 한다. 어린아이가 엄마에게 동생이 화분을 넘어뜨렸다고 이르듯이 상사가 와서 해결해 줄 거라는 식의 커뮤니케이션은 좋지 않다. 그러면서 지속적으로 본인이 생각한 대안 사항을 업데이트하고 임원과 함께 고민하면서 액션을 취한다면 담당자가 전부 책임을 떠안는 최악의 상황으로 갈 확률은 적어진다.

한국 사람들은 책임감 때문에 본인 업무가 목까지 차서 정신적으로 감당하기 어려운 상황이 와도 이야기하지 않는다. 사람마다 성향과 성격이 다르기 때문에 말하는 사람도 있지만 말하지 않는 경우가 더욱 흔하다. 나는 글로벌 회사에 다닌다면 무조건 비합리적인 상황에서 혼자 침묵하면서 고통받지 말라고 이야기하고 싶다. 하지만 어떻게 말하느냐가 중요하다. 그냥 일이 너무 많으니 사람 좀 뽑아 달라면서 무작정 찾아와 근거 없이 감정적으로 이야기하는 경우가 종종 있다. 이건 절대 먹히지 않는 방법이다.

네덜란드로 파견 나갔던 강 모 씨도 본인 업무가 너무 많아서 과장을 조금 보태면 하루 수면 시간이 3-4시간밖에 안되었다고 한다. 도착 당시 퇴사하는 직원이 있어서 그 직원 업무도 다 맡고 중간중간 업무들이 더해져서 삶이 너무 피폐해졌었다. 그래서 그는 본인의 업무를 리스트업하고 각 업무마다 총 소요 시간을 적고 요일마다 어떻게 하루 업무 시간이 구성되는지를 네덜란드 부장에게 보여줬단다. 그러니 그의 상사가 놀라면서 본인도 그렇게 많은 업무를 주었는지 몰랐다고 했다. 그러고는 바로 그 자리에서 명확하게 지금 당장 배제해야 할 업무, 지속해야 할 업무 등으로 구별해주었다고 한다. 이처럼, 본인의 업무가 과다하게 느껴지면 왜 그런지 명확한 근거 자료를 가지고 가서 이야기해야지 아무 말 없이 있으면 손해다. 가끔 업무가 너무 많아 추가 인원이 필요하다고 찾아오는 직원에게 본인이 지금 하는 업무가 무엇인지 자세히 나열하라고 하면 못 하는 경우가 많다. 나열을 하지 못하는 경우는 본인 업무를 정확히 파악하고 있지 못하거나 불필요한 업무를 하느라 정작 본인 업무를 못하고 있는 경우가 대부분이다.

웰라밸

그러면 유럽인들은 야근을 할까? 그들의 워크 앤 라이프 밸런스(work and life balance)는 어떨까?

글로벌 회사에서는 직급이 높아질수록 업무량은 어마어마하다. 그들도 일반 직원들보다 더 긴 시간을 야근한다. 그들이 정시에 집에 간다고 모두 본인 취미 생활을 즐기러 간다는 생각을 하면 안 된다. 또한 미팅 스케줄은 거의 살인적이다. 쉬는 시간 없이 아침 8시부터 저녁 6시까지 점심도 못 먹고 마라톤 회의만 참석하는 경우도 있다. 그들의 비서들은 스케줄 관리가 최고 어렵고 중요한 직무다. 글로벌 회사는 모든 나라에 있는 지사들과 회의를 해야 하는 경우가 많아서 누구는 새벽 2시부터, 누구는 오후 6시부터, 누구는 밤 10시부터 회의를 집에서 참석해야 하는 경우도 있다. 임원들은 심지어 주말과 휴가 중에도 이메일을 계속 읽고 답해야 하는 의무가 있다. 심지어 근로계약서에 이메일은 48시간 이내 답한다는 조항이 있을 정도다. 또한 휴일이나 주말에도 이메일을 확인하지 않으면 사무실에 복귀한 후 매우 곤란한 상황이 올 수 있다.

그러면 일반 유럽과 미국 직원들은 어떨까? 그들도 야근을 한다. 하지만 한국과 좀 다르다. 한국처럼 사무실에 남아서 야근을 하는 경우도 있다. 하지만 가정이 있고 어린 자녀들이 있는 경우 퇴근 후 집에서 야근 업무를 본다. 나라마다 차이가 있겠지만 대부분 어린이집이나 학교가 아침 일찍 7:00시나 8:00시경에 시작한다. 그러면 부부가 돌아가면서 아이를 어린이집이나 학교에 데려다준다. 만일 아빠가 데려다줬다면 엄마는 일찍 사무실에 7시나 8시 전에 출근을 한다. 어린이집이나 학교는 아침에 일찍 시작하는 대신 오후 3:00시나 4:00에 끝나기 때문에 끝나는 시간에 맞춰 무조건 아이들을 데리러 가야 한다. 왜냐면 서양 문화는 시간을 철저히 지키기 때문에 늦는다는 것은 뭔가 긴급한 상황이 생겼다는 이야기일 수도 있다. 그러면 아침 일찍 출근한 엄마가 점심식사도 먹는 둥 마는 둥 하면서 업무를 마치고 아이를 시간에 맞게 데리러 간다. 이때 엄마는 아무리 높으신 분과 중요한 회의에 참석해 있더라도 사전에 미리 양해를 구하고 중간에 나간다. 사전에 양해를 구했기 때문에 아무도 그 엄마에 대해서 왜 미팅 중에 나가냐고 말하지 않는다. 너무나 당연한 일상이다. 아빠가 아이를 데려다주고 상대적으로 엄마보다 늦게 출근했기 때문에 업무 시간을 정확히 사무실에서 채우고 퇴근한다. 요즘 젊은 한국 부부들도 글로벌화되어서 아빠들이 집안일과 육아에 많이 참여한다. 또한 한국의 글로벌 기업들은 남자 직원들이 육아휴직을 신청하는 것에 예전보다는 많이 너그러워졌다. 서양도 마찬가지로 아빠들이 집안일 및 육아를 5:5로 하기 때문에 엄마가 집에 먼저 갔다고 일부러 늦게 가지 않는다. 왜냐면 그들이 퇴근 후 맡은 각자의 집안일이 있기 때문이다. 집에 돌아온 두 부부는 집안일과 육아를 나눠서 하고 아이들을 일찍 재운다. 유럽은 아이들의 나이에 따라 저녁 6-8시 사이에 재운다. 나이가 어릴수록 더 일찍 재운다. 아이들이 잠자리에 들면 그때부터 부부는 각자 사무실에서 끝내지 못한 업무를 하기 위해 야근 모드로 돌입한다. 아이가 아플 경우 상사에게 이야기하고 재택근무를 한다. 또한 혼자 아이를 양육하는 경우에는 이런 일이 더욱 흔하게 발생한다.

한국 사람들은 본인이 맡은 일을 책임감 있게 하려고 최대한 노력한다. 도움을 요청하는 것보단 혼자 최대한 처리해보려고 부단히 노력한다. 유럽이나 미국 사람들 역시 책임감 있게 본인 업무를 수행한다. 잘하려는 마음은 다 똑같다. 차이점은 처음부터 본인이 핸들링하기 어렵다고 판단이 되면 도움을 요청하는 것이다. 미국 영화나 드라마를 보면 사람들이 도와 달라는 말을 매우 쉽게 꺼내고 또 사람들이 흔쾌히 도와준다. 도움을 요청하는 말을 꺼내는 자체가 매우 자연스럽고 쉽다. 한국 사람들도 남 도와주는 일에는 어느 문화권에 뒤지지 않는다. 반면 우리는 인내를 미덕으로 배웠다. 또한 남에게 폐 끼치면 안 된다는 생각으로 혼자 해보려고 애를 쓴다. 참 아이러니한 것은 집단문화에서 자란 사람들이 정작 집단의 도움을 받아야 할 때는 말을 못 한다는 것이다.

정과 눈치

우리에겐 '정'이라는 영어로 번역이 불가한 문화가 있다. 학교에서 배우지도 않고 딱히 집에서도 어떠한 것이라고 정확하게 가르치지도 않는 문화다. 우리가 정을 말할 수 있는 것은 우리가 속해 있는 사회에서 반복적인 경험을 통해 익숙해져 있기 때문이다.

예전에는 도움을 청하는 것을 공개적으로 가르치지 않았다. 대부분 집안 교육으로 습득했다. 요즘은 시대가 많이 달라져서 어린이들이 어른들에게 도와 달라는 말을 예전보다는 잘한다. 내가 어렸을 때만 해도 과자 봉지 뜯는 것 하나도 혼자 끝까지 해보다가 안 되면 도와 달라고 하라고 교육받았다. 처음부터 도와달라고 하면 안된다고 배웠다. 어린아이가 혼자 과자봉지를 못 뜯으면 어른들이 보다가 알아서 뜯어줬다. 처음부터 뜯어 달라고 하는 어린이는 흔치 않았다.

그러면 사람들은 왜 남을 잘 도와줄까? 남녀노소를 막론하고 사람들은 다른 사람이 딱한 상황에 처하면 마음속에 장착되어 있는 인류애를 발동하여 도움을 준다. 특히 유럽이나 미국은 카톨릭과 기독교 기반의 문화이기 때문에 '착한 사마리안법'을 이행하는 것이 문화 속에 깔려 있다. 예를 들면 미국을 자동차로 여행할 때 자동차가 고장이 나면 지나가던 사람들이 가던 길을 멈추고 도와준다. 또한, 장거리 광역시 만원 버스를 탔을 때 길이 막히는 경우, 오랫동안 서 있는 사람을 위해 앉아있던 사람이 자리를 양보해준다. 그래서 도와 달라는 말도 쉽게 나올 수 있는 것 같다. 한국 사람들도 지나가다가 누가 곤란한 상황에 처해 있거나 도와 달라는 요청을 받으면 기꺼이 도와주는 정 많은 문화에서 태어났다.

그런데 회사에서 업무 할 때를 생각해 보자. 정말 본인이 난처한 상황에 놓이지 않는 한 쉽게 도와 달라는 말을 꺼내지 않는다. 혹은 본인의 상황이 도움을 요청해도 되는지 몰라서 망설일 때가 있다. 나도 초등학교를 한국에서 나온지라 미국에서 중고등학교 졸업할 때까지 누구에게 도와 달라는 말이 잘 나오지 않았다. 아마도 이건 독립심이 강한 나의 개인적 성향과 가정교육도 한몫했다고 생각한다. 그럴 때마다 선생님들이 도와 달라는 말은 창피한 것이 아니라고 매번 이야기하셨다. 나라와 문화를 막론하고 인간은 인류애를 바탕으로 말이 통하지 않더라도 타인을 도와줄 수 있게 프로그래밍 되어 있는 듯하다. 길거리를 지나가다 누가 다치면 언어가 통하지 않더라도 모두 다가와서 도와준다. 개인주의 성향이 짙은 나라 사람들 역시 어려운 상황에 놓인 타인을 보면 도와 달라는 말을 하지 않았어도 아무 말 없이 불쑥 다가와 도와준다. 정 많은 한국 사람들 역시 말없이 나타나 도와주고 사라진다. 반면 외국인들은 도와주기 전에 "Do you need help?(도움이 필요하세요?)"라고 물어본다. 슈퍼 히어로 영화를 봐도 불쑥 나타난 슈퍼 히어로들은 구해주기 전에 "Do you need help?(도움이 필요하세요?)"라고 물어보는 장면을 볼 수 있다. 반면 한국 문화는 남이 도와달라는 말을 하기도 전에 먼저 도와주는 '정'이 있다. 그래서 일상 속에 슈퍼 히어로들이 사고가 나면 불쑥 나타나서 아무 말 없이 도와주고는 사라진다. 70년대에는 버스를 타면 앉아 있는 어른들이 서서 가는 어린아이들을 무릎 위에 앉혀주거나 무거운 짐을 받아줬다. 주로 아무 말 없이 행해진다. 이런 친절한 모습을 본 외국인들은 한국이 매우 안전하고 친절한 나라라는 인상을 받는다.

한번은 내 친구 케이가 한국으로 발령받기 전에 남편과 함께 한국을 방문했다. 한국은 처음이고 잘 몰라서 어떤 나라인지 알고 싶어서 새로운 업무를 수락하기 전에 와 봤다. 그녀는 남편과 함께 일부러 아무 곳이나 가 보자고 하고 서울을 돌아다니다가 길을 잃었다. 아시아권 나라는 처음 방문한데다가 말도 안 통하는 낯선 나라에서 길을 잃은 그녀는 순간 매우 당황해서 패닉 상태처럼 어쩔 줄을 몰랐다. 지나가는 행인들에게 길을 물어봤지만 아무도 영어를 할 줄 몰랐고 점점 사람들이 하나둘 모여들자 그녀는 심지어 공포스러웠다고 한다. 그녀는 한국에 오기 전 여러 유럽 나라에서 살았었다. 대부분 유럽에서 이런 상황이면 강도를 당하는 경우가 흔하다고 했다. 하지만 그녀는 순간 모여 있는 사람들의 얼굴을 쳐다보니 모두들 그녀를 도우려는 걱정 어린 표정으로 모여든 것이 보였다. 모두들 최선을 다해서 그들만의 방법으로 그녀와 그녀의 남편을 도와주기 위해 손짓 발짓을 하고 있었다. 편의점에서 나온 아주머니는 한국말로 계속 뭐라고 이야기하고 자전거를 끌고 가던 아저씨도 종이를 꺼내서 자꾸 뭔가를 쓰고 있었다. 이 모든 행동은 결코 해치려는 행동이 아니고 도와주려는 행동이었다. 그때 그녀가 생각하기를 이곳은 너무나도 안전하고 믿을 만한 곳이라고 판단되어서 한국으로 오기로 결정했다고 한다. 그 후 그녀는 한국에서 지내는 동안 한국을 매우 사랑하게 되었고 동네 사람 및 한국 현지인들 사이클 동아리에 가입해서 즐거운 시간을 보내다 다른 나라로 발령 받아 떠나게 되었다. 이처럼 잘 모를 때는 도움을 적극적으로 구하는 것이 글로벌 회사에서는 최고의 지름

길이다. 도움을 구하기 위해서는 현재 처한 상황을 분석해보아야 해결하기 위한 도움을 구할 수 있다. 그러다 보면 때론 스스로 문제의 해결책을 찾을 수도 있고 타인을 통해 더 좋은 방법을 찾을 수 있을 것이다.

⑧

6:00

앗싸, 회식이다!

회식은 한국 직장인들에게는 애증관계인 것 같다. 싫어하는 사람도 있고 좋아하는 사람도 있다. 또, 없어서도 안 되고 너무 자주 있어서도 안 된다. 가기 싫어하면서도 가서는 매우 즐겁게 즐기다 아쉬워하면서 집으로 돌아간다. 메뉴 역시 매번 고르기 힘들고 식당 예약하는 것도 어려운 일이다. 너무 젊은 취향으로 가면 부장님과 이사님이 어색해 하시고 너무 부장님과 이사님 취향으로 가면 젊은 직원들이 어색해한다. 하지만 한국 사람들이라면 회식 자리는 업무만큼 중요하다. 복잡한 문화 특성상 회의시간에 이야기하지 못한 사안을 상사에게 허심탄회하게 이야기할 수 있는 유일한 장소다. 또한, 회식은 사람들과 쉽게 친해지고 부장님과 동료들에게 업무 이외에 하지 못했던 말들을 할 수 있는 자리이기도 하다. 회식 자리는 관계 형성 및 신뢰를 쌓기 위한 좋은 기회가 될 수도 있다. 그래서인지 술은 만취할 때까지 마시고 노래방은 물론이고 3차 4차까지 가서 끝을 본다.

외국에서도 직원들과 함께 저녁식사를 한다. 차이점은 한국처럼 1차, 2차, 심지어 3차라는 것이 흔한 일이 아니다. 모인 자리에서 식사를 하고 대부분 운전을 하고 가야 하기 때문에 술을 안 마시든가 맥주 한잔 정도로 끝낸다(독일에서는 맥주 한잔이나 와인 한잔까지는 음주운전으로 걸리지 않는다. 하지만 미국은 예외다). 때론 젊은 직원들끼리 따로 술을 마시는 자리도 있지만 의무적으로 참석해서 마시지는 않는다. 아무리 높은 상사가 술을 권해도 안 마시고 싶으면 안 마신다. 반면 가끔 외국인 동료들이 한국에 출장을 오면 한국식으로 함께 즐길 때가 있다. 사람들의 성격에 차이는 있지만 한국 회식문화를 한국 직원들과 같이 즐긴다는 것을 즐겁게 생각하는 경우가 많다.

출장 중 디너파티

유럽이나 미국 출장을 가면 출장을 와준 직원들을 위해 주체 측에서 디너파티를 연다. 대부분 유럽이나 미국 문화권에서는 앉아서 저녁식사를 하는 경우라도 어느 정도 식사가 끝내면 중간에 일어나 여기저기 돌아다니며 여러 사람들과 이야기를 한다. 말 그대로 스탠딩 파티로 자연스럽게 이어진다. 지나가면서 잘 몰랐던 직원들과 자기소개를 먼저하고 악수를 한 다음 자연스럽게 대화를 나눈다. 자유롭게 여러 명과 대화를 나누면서 본인의 네트워크를 넓혀간다. 그런 도중 친한 사람과는 조금 길게 이야기하고 잘 모르는 사람하고는 짧게 인사를 한다. 하지만, 특정인 몇몇하고만 이야기하는 경우는 없다. 만일 그럴 경우 사회성이 부족하다고 느낄 수 있다. 이런 디너파티에 참석한 한국 사람들은 둥그렇게 모여 서 있다. 나이트클럽에서 친구들과 동그랗게 원을 만들어 함께 춤을 추는 것처럼 말이다. 때로는 자리에서 일어나지도 않는다. 잠깐 원을 이탈해서 다른 사람과 이야기하는 사람들도 있지만 곧 원 안으로 돌아온다. 특히 눈치 있는 직원이라면 높으신 분이 홀로 있지 않게 함께 계속 밀착해서 동행한다. 그리고 심지어 원을 이탈한 직원을 불러오는 경우도 있다. 예전에 이런 모습을 보고 어느 유럽 직원이 나에게 물어본 적이 있다. "왜 한국인들은 다른 사람들과 어울리지 않고 뭉쳐 있나요?"라고 물어본 적이 있다. 그는 "한국 직원들은 출장 올 때마다 함께 뭉쳐 있으니 다른 나라 직원들과 어울리고 싶어 하지 않는 것 같아 보여요."라는 이야기도 했다. 때론 내가 다른 나라 직원들과 오랜 시간 동안 이야기를 하면 한국 직원들의 반응들은 "도대체 무슨 이야기를 그렇게 오래 했어요?"라고 궁금해했다. 지나간 세대들은 어쩔 수 없다고 치고 젊은 세대들은 글로벌 직장인스럽게 행동했으면 좋겠다. 만일 유럽이나 미국 출장 중 이러한 저녁식사 자리가 있으면 적극적으로 활용하길 바란다. 유럽인들이나 미국인들은 잦은 회식을 통해서 관계를 쌓는 것보다 이런 시간을 활용해 새로운 사람들과 관계를 쌓는다. 공개적으로 허용된 시간에 다른 부서 직원들과 명함을 주고받으면서 서로 얼굴을 익히고 내가 무슨 일을 하는지 소개도 하면서 업무에 공통점을 찾기도 한다. 이런 기회에 많은 사람을 알아놓게 되면 언젠가 그들과 함께 일을 할 상황이 왔을 때 쉽게 업무적으로 접근할 수 있게 된다. 또한 이렇게 얼굴을 익히면 도움이 필요할 때 뜬금없이 메일을 보내도 쉽게 답장을 받을 수 있다. 요즘 젊은 세대들은 지난 기성세대들보다 영어도 훨씬 잘하고 외국 여행도 많이 다녀봐서 외국인들과 좀 더 쉽게 대화할 수 있다. 기성세대들은 영어가 익숙하지 않은 시대를 살았고 스마트폰도 요즘처럼 발달된 시대를 살지 않았기 때문에 한국 직원들끼리만 이야기할 수밖에 없는 경우가 흔했다. 스마트폰의 발전은 최근 10년 사이에 대대적으로 이루어졌기 때문에 요즘은 언어를 몰라도 통역 앱을 사용해 모르는 외국인 직원들과 말을 트는 것이 훨씬 쉬워졌다. 제공된 모든 것을 사용해 글로벌 시대에 맞게 글로벌 기업인으로 행동했으면 한다.

또 한 가지 중요한 것은 본인의 주량을 알아야 한다. 본래 외국에서는 저녁식사 전에 웰컴 드링크(Welcome drink)를 가볍게 한 잔씩 하고 긴 저녁식사 시간 동안 계속 술을 마신다. 일부 몇몇 직원들은 저녁식사 후에도 남아서 술을 마시는 경우가 있다. 하지만, 한국 술 문화와 다른 것은 첫 잔부터 급하게 '원샷'으로 마시지 않는다. 다들 본인들 주량에 맞게 천천히 긴 시간을 조절해가면서 마시기 때문에 한국 소주 문화처럼 단숨에 원샷을 하는 일은 거의 없다. 예전에 후배가 영국으로 이직했을 때 일이다. 유럽 직원들이 전체 모여서 1박 2일로 미팅을 하고 함께 저녁식사도 하는 나름 큰 규모의 썸밋(Summit) 행사였다. 그에겐 이런 저녁식사 자리가 처음이었다. 본인 주량을 잘 몰랐던 그가 영국 직원들과 친해지고 싶은 마음에 한국식으로 주는 술을 모두 짧은 시간 안에 받아 마셨다. 웰컴 드링크부터 급하게 마셨다. 이런 저녁식사 자리에서는 대부분 웨이터가 쟁반에 술을 들고 돌아다니는데 아마도 오는 술을 계속 마셨던 것 같다. 그가 아침에 일어나보니 그의 신발이 없어졌고 어떻게 방으로 돌아왔는지 아직도 기억이 나질 않는다고 한다. 아침식사를 하러 식당으로 내려가니 모든 사람들이 그를 보고 어젯밤에 너무 재미있었다는 인사를 연거푸 했다.

유럽은 아침과 점심식사를 아주 짧게 하기 때문에 저녁식사 시간이 한국보다 매우 긴 편이다. 이런 저녁식사 자리에서 여성들은 주로 칵테일이나 와인을 마시고 남성들은 주로 맥주를 마시거나 와인을 마신다. 칵테일이 맛있기 때문에 본인 주량도 모르고 계속 마셨다가 낭패를 볼 수도 있다. 그는 다행히 웃을 수 있는 추억으로 남았지만 다시는 그런 실수를 하지 않는다. 만약 유럽 회사가 파트너나 고객사 관계라면 본인 주량에 맞게 조절해가면서 마셔야 한다. 취기가 올라오면 상대방이 술을 더 권하더라도 거절하면 된다. 요즘 한국 술 문화도 거절하는 것이 실례가 아니다. 그들도 기꺼이 존중해준다. 또한 와인을 소주나 맥주처럼 단숨에 마셔버리는 한국 남성들은 조심하길 바란다. 와인도 술이기 때문에 순간 만취해서 저녁식사 시간 내내 힘들 수가 있다. 아무리 본인 주량이 세도 긴 저녁식사 시간 동안 계속 원샷으로 마시면서 중요한 저녁식사 시간을 망치지 않길 바란다.

한국의 회식

유럽과 미국 직원들이 한국에 오기 전에 제일 먼저 알고 오는 것 중의

하나가 한국의 회식 문화다. 특히 폭탄주다. 그들도 어느 정도 알고는 오지만 그래도 어떤 이들은 지나치게 한국식으로 외국인들에게 술을 권하면 자칫 분위기가 어색해질 수도 있다. 대부분 다른 나라로 출장을 가서 저녁식사를 함께하는 경우 그 나라의 음식과 술을 경험해 본다. 하지만 유럽인이나 미국인들 20명 중 한 명은 어딜 가도 햄버거와 피자만 먹는 사람도 있다. 이런 사람들에게 억지로 소주를 권하다 보면 상대방을 불쾌하게 만들 수도 있다. 역지사지로 한국 직원들도 해외 출장 시 음식이 안 맞아 제대로 못 먹어서 1주일 동안 살이 엄청 빠져 돌아오는 경우도 있다.

회식 문화 중 가장 다른 것은 술 문화의 강제성이다. 요즘은 술을 강제로 권하는 경우가 거의 없다고 믿고 싶다. 예전에는 건강상의 이유가 아닌 이상 술을 안 마시면 왜 안 마시는지 꼬치꼬치 캐묻고 끝내는 마시게 한다. 또는 안 마시겠다는 사람을 무안하게 만들어 마실 때까지 모두 쳐다보고 있기도 하는 등 술 문화가 참 힘들었던 시절도 있었다. 또 하나의 재미있는 술 문화 중 하나는 가장 지위가 높으신 분부터 덕담을 한마디씩 하는 거다. 그러다 분위기가 달아오르면 돌아가면서 일어나 모두 한마디씩 하고 박수를 친다. 외국에서는 느낄 수 없는 한국인들만의 재미있는 술 문화인 것 같다.

문화를 막론하고 사람들은 술을 마시면서 친해지기도 한다. 마시는 정도는 개인에 따라 다르다. 아직도 몇몇 한국 사람들은 친해지려고 억지로 외국인에게도 소주를 권할 때가 있다. 특히 소주는 외국인들에게 매우 낯선 술이다. 특유의 알코올 냄새와 뒷맛을 매우 낯설어한다. 그리스 전통주 중 '우조'라는 술이 있다. 우조 역시 냄새와 뒷맛이 매우 독특하고 한국에서 맛볼 수 있는 맛은 아니다. 이 전통주를 체험 삼아 한 번 정도 마셔보지만 그리스인들도 한국 사람들이 소주를 권하듯 권하지는 않는다. 소주의 특유한 맛 때문에 한국으로 출장 오는 외국인들은 주로 맥주를 선호한다. 요즘에는 와인도 많이 마시지만 그래도 와인이 겸비되어 있지 않은 식당에서는 맥주를 흔히 찾는다. 이때 소주를 체험 삼아 마셔보겠냐고 권해볼 수 있다. 우리가 '우조'를 경험삼아 한잔 마셔보는 것처럼 말이다. 하지만 개인 취향에 맞지 않으면 대부분 남기거나 다시 받지 않는다. 본인 입맛에 맞지 않은 소주를 한국식으로 계속 잔을 비우라고 독촉하면서 소주를 권하는 것을 원치 않을 것이다. 한국 술 문화 중 손님에게 돌아가면서 모두들 술을 한 잔씩 따라주는 문화가 있다. 한 발 더 나아가 폭탄주까지 만들어서 '원샷'이나 '러브샷'을 하자고 외치는 사람들도 있다. 이런 문화를 잘 받아들이고 즐기는 외국인 직원들도 있지만 낯설어하는 외국인 직원들도 있다. K-푸드가 한창 인기 있는 오늘날에도 한국에 와서 스파게티, 햄버거, 샌드위치만 먹고 가는 유럽 사람들도 몇 몇 봤다. 한국 사람들도 똑같다. 해외 출장 일주일 내내 한국에서 가지고 간 컵라면과 즉석밥만 먹는 사람도 있다. 만일 한국 술 문화를 버거워하는 직원이 있으면 최대한 존중을 해주어야 한다. 유럽과 미국 문화는 개인의 취향을 존중해 주는 문화다. 그래서 소주나 폭탄주가 개인 취향이 아니거나 지속적으로 돌아가면서 원샷 하는 술 문화를 버거워하는 외국인 직원이 있으면 강요하지 않는 것이 좋다. 반면 그들도 한국 직원들과 잘 어울리고 더 이해하고 싶어서 회식 자리에 참석한다.

회식 때 영어가 능숙하지 않다는 이유로 영어를 잘하는 특정 직원을 옆자리에 계속 앉혀놓고 그 직원하고만 이야기하도록 하는 경우를 많이 봤다. 또한, 아직도 몇몇 한국인 상사들은 직원 하나하나 어디 앉을지도 정해준다. 나만 해도 언제나 출장 온 직원 옆에 앉아서 먹는 둥 마는 둥 하면서 통역과 이야기를 전담해야 했다. 되도록이면 영어가 능숙하지 못하더라도 통역 앱을 사용하여 간단한 대화를 나누면서 서로를 알아가면 더 좋을 것 같다. 어차피 그들도 시차 때문에 매우 피곤해서 대부분 1차에서 끝내고 들어간다. 영어를 잘한다는 이유로 하루 종일 옆에 앉아서 통역해주고 대화도 해 줘야 하는 직원 입장도 생각해 주자. 솔직히 통역해주는 직원들의 어려움을 진심으로 알아주는 사람들은 없다. 생각해보면 그들은 말을 두세 배로 해야 한다. 아무리 유럽인들과 미국인들이 업무 지향적이어도 회식 자리에서는 처음 만난 여러 한국 직원들과 관계를 쌓아가고 싶어 한다.

신뢰 쌓기

관계 지향적인 문화에 사는 한국 사람들은 일단 친해지기 위해서 작고 사소한 선물을 건넨다. 예를 들어 커피나 간식거리를 사다 준다든가 그 사람이 좋아할 만한 뭔가를 선물하면서 시작한다. 아마도 이것은 동양철학에서 나오는 예의에서 비롯된 행동인 것 같다(박영수, 2010). 그리고 지속적으로 좋은 인상을 남기려고 친절을 베푸는 노력을 한다. 한번은 오스트리아 동료 책상에 테이크아웃 커피잔이 여러 개 있는 것을 보고 "저 많은 커피를 오늘 다 마신 건가요?"라고 물어봤다. 그는 "여러 직원들이 점심식사 후, 커피를 사다줬어요."라면서 웃었다. 그는 이런 한국인들의 '정'에 매우 깊은 인상을 받은 사람 중 한 명이다. 또한 북유럽인답지 않게 한국 문화를 매우 잘 이해하고 받아들여서 많은 사람들이 그를 좋아했었다. 하지만 사람마다 얼굴 생김새가 다르듯이 그렇지 않은 사람들도 있다. 반대로 "모르겠어요. 저한테 커피를 사다주네요. 왜 나에게 물어보지도 않고 커피를 사왔는지 모르겠네요."라고 이야기하던 사람도 있었다. 이렇게 반대일 경우에는 노력 대비 효과가 없다. 그럼 어떻게 신뢰를 쌓아야 할까?

직위고하와 문화를 막론하고 직장 동료들끼리 신뢰를 쌓는 일은 매우 중요하고 어려운 일이다. 이 신뢰를 팀웍이라고도 할 수 있다. 하지만 말처럼 쉽지 않다. 특히 상사가 외국인이면 어떻게 다가가야 할지도 잘 모르겠다. 아직도 유럽인들은 아시아 문화권에 대한 이해가 많이 떨어진다. 그나마 일본과 중국은 오랜 세월 동안 활발한 무역을 통해 유럽인들이 그들의 문화에 접한 세월이 훨씬 길다. 또한 중국은 여러 나라에 '차이나타운'이 있을 정도로 사람들이 곳곳에 많이 모여 살고 시골에 사는 유럽인들도 최소한 중국 음식은 한 번쯤이라도 먹어봤다. 하지만 한국은 아직도 많이 알아가야 하는 나라 중 하나다. 요즘 들어 K-팝, K-푸드, K-뷰티, K-드라마가 전 세계적으로 크게 히트 치면서 전 세계인들이 한국이란 나라를 알고 싶어 하는 호기심이 많아졌다. 나의 고등학교 시절만 해도 중국과 일본 역사는 세계 역사 시간에 아주 잠깐 배웠지만 한국 역사는 아무것도 배우지 않았다. 내가 86년에 미국을 처음 갔을 때만 해도 한국이란 나라를 모르는 미국인들이 훨씬 많았다. 하지만 지금은 한국말을 유창하게 하는 유럽인들을 쉽게 유럽 거리에서 만날 수 있다.

직장생활은 유학 시절 친구들과의 관계와 다르다. 유학 시절 현지인

친구들 관계보다 더 미세하게 어렵고 벽이 높게 느껴질 수도 있다. 이건 직급을 막론하고 똑같이 느껴질 것이다. 그럼 이런 상황에서 어떻게 외국인 상사를 비롯하여 동료들과 신뢰를 쌓을 수 있을까? 잘 모를 때는 친한 외국인 동료에게 물어보는 것도 방법이다. 내가 모시던 상사 중 프랑스인 사장님의 케이스다. 그는 여러 나라에서 근무하다 한국으로 오셔서 문화의 차이에 대한 존중이 얼마나 중요한지 잘 알고 계셨다. 하지만 그런 그도 아시아 나라는 한국이 처음이었고 완전 미지의 나라였다. 그 당시 나는 영업부 부장이어서 가끔 그를 모시고 고객사들과 저녁식사를 할 때가 있었다. 처음에 온 지 얼마 안 됐을 때 그는 저녁식사 자리에 나가서 본인이 무엇을 해야 하는지, 말아야 하는지 알려 달라고 이야기했다. 난 술 예절을 이야기해주었다. 상대방에게 두 손으로 술을 따른다든가, 술잔을 잡는 방법 등등. 그는 귀 담아 들은 후 나가서 최대한 예의를 지키면서 행동했다. 중간중간 본인이 잘하고 있는지 물어보고 자기가 잘못하는 것이 있으면 바로 이야기해달라고 했다. 그의 정중한 행동을 본 고객사 대표는 매우 감탄하고 호감을 느꼈다. 그 고객사는 우리 회사의 매출 비중에 꽤나 크고 중요한 고객이었다. 프랑스 사장님 덕분에 고객사와 일하는 것이 더욱 쉬워졌었다. 그 프랑스 사장님은 한국을 사랑했고 떠나기 싫어하셨지만 외국인 임원들은 임기가 끝나면 어쩔 수 없이 다른 나라로 가야 한다. 프랑스 사장님이 임기가 끝나고 떠나실 때쯤에는 마치 한국 아저씨가 된 것처럼 한국 문화에 흠뻑 젖어 계셨다. 마지막으로 고객사와 저녁 회식을 끝내고 늦게 귀가하는 나에게 택시 타고 가라고 지갑에서 돈을 집어주셨다. 많은 외국인들을 만나봤지만 택시 타고 가라고 돈을 주는 사람은 현재까지 그분이 처음이자 마지막이었다.

앞서 오후 4:00 프레젠테이션 부분에 잠깐 이야기했듯이 어떻게 내 아이디어를 논리 있게 이야기하느냐가 글로벌 기업에서 일할 때 매우 중요하다. 유럽과 미국 교육은 숙제로 집에서 미리 다음 시간에 배울 부분을 읽어가야 하는 숙제가 매우 많다고 했다. 대학 수업은 대부분 읽는 숙제가 절반 이상이다. 선생님이 수업시간에 책을 읽어왔는지 확인하기 위해 줄거리를 물어보는 것은 고등학교에서 끝난다. 대학교에서는 읽은 내용을 토대로 바로 치열하게 토론시킨다. 줄거리를 물어볼 필요가 없는 이유는 토론에 못 끼면 안 읽어온 거다. 그래서 학생들은 내용의 줄거리를 이야기하기보다는 본인의 생각 위주로 이야기해야 한다. 선생님은 진행자처럼 키워드만 던져준다. 토론에 참여하려면 다양한 측면에서 본인이 생각을 하도록 어렸을 때부터 교육을 받아왔다. 작가가 왜 이런 생각을 했는지, 나는 작가의 생각에 동의하는지, 왜 동의하지 않는지, 나라면 어떻게 다르게 행동했을지 등등. 그렇기 때문에 내 생각을 이야기하려면 사전에 심도 있게 논리적으로 생각을 정리해가야 이야기를 할 수 있다. 한 가지 한국 사람들이 두려워하는 것 중 하나가 내 생각이 틀리면 어떻게 하나이다. 나를 비롯해 많은 외국인 직원들이 본인 생각을 이야기하라고 한국 직원들에게 독려한다. 하지만 한국 직원들의 대체적인 불안함은 정답을 맞추지 못하고 오답을 말할까봐 두려워한다. 하지만 괜찮다. 틀려도 된다. 위법한 주장만 하지 않으면 된다. 그냥 또 하나의 의견이라고 생각하지 틀렸다고 면박을 주지 않는다. 회의에 모인 이유는 모두 함께 정답을 찾기 위해서 모인 것이지 장학퀴즈에 온 것이 아니다. 당신의 의견이 틀렸으면 사람들과 다른 의견을 가지고 토론하면 된다. 그리고 당신은 그 토론 내용을 받아들여 배우면 된다. 그러면서 다른 방향으로 새로운 방법이나 길을 찾는 것을 함께 고민하면 된다. 아니면 보강할 수 있게 이런저런 것을 더 요구할 것이다. 이때 주눅 들지 말자. 이것은 배울 수 있는 기회이다. 이렇게 몇 번 경험을 해보면 본인의 개선점을 파악해서 개선하면 된다. 조금씩 개선되는 태도를 보이면 더 많은 좋은 기회가 올 것이다.

또한 신뢰는 숫자에 있다. 어느 정도 신뢰가 쌓일 때까지는 지속적으로 본인의 능력을 숫자로 보여줘야 한다. 숫자로 표현하는 것처럼 명확하게 이해할 수 있는 방법은 없다. 물론 숫자로 표현할 수 없는 일들도 많다. 그런 경우 꼭 근거 자료를 쌓아놓는 것도 도움이 된다.

글로벌 기업에서 일하면서 가장 재미있는 차이점 중 하나가 승진 제도였다. 한국 회사들은 직원에게 커다란 결격사유가 없는 한, 연차가 쌓이면 자연스럽게 주임, 대리, 과장, 차장, 부장을 단다. 그리고 연봉도 차근차근 따라 올라가게 된다. 때로는 신입사원을 뽑지 않고 경력사원만 뽑는 회사일수록 사원들이 귀해지고 중간급 간부인 과장, 차장, 부장이 많은 달걀 모양의 조직을 보게 된다.

하지만 글로벌 회사에서는 연차만 쌓인다고 승진하지 않는다. 주로 연말평가를 바탕으로 하는 승진제도가 도입되어 있다. 외국에서는 승진의 욕구가 없는 사람들도 있다. 10~20년 동안 업무에 커다란 변화 없이 똑같은 업무를 하고 연봉이 오르는 것에도 크게 욕심이 없는 사람들도 있다. 그런 사람들 중 투잡(two jobs)을 뛰고 있는 사람들이 종종 있었다. 만나본 사람 중 어떤 사람은 말 농장을 하고 있었다. 그 사람은 말 농장에 더 큰 관심과 애정이 있었고 그의 삶속에서 말 농장의 우선순위가 높았기 때문에 회사는 일주일에 4일 정도만 나오고 정시에 퇴근하는 것이 매우 중요했다. 그래서 한국 직급 체계로 비교할 때 대리나 과장 정도에서 30년째 머물고 있는 사람이 있었다. 그 사람은 말을 잘 키우기 위해서 회사를 다니는 거라고 이야기해 줬다. 또 한 사람은 아티스트였다. 어느 나라든 아티스트로 살아가는 것은 경제적으로 쉽지 않은 것 같다. 그래서 그는 낮에는 회사에서 일을 하고 밤에는 예술 활동을 했다. 그에게 중요한 것은 예술 활동을 할 수 있는 시간이 보장되는 것이었다. 그는 언젠가는 온전한 아티스트로 살아갈 수 있는 날을 꿈꾸고 있었다.

한국 속담

내 친한 친구 장 모 씨의 에피소드이다. 그녀는 매우 능력 있는 글로벌 기업 인사부 임원이다. 15년 전 장 모 씨는 해외로 파견되는 기회를 잡기 위해 미국인 사장님과 면담을 했었다. 그녀는 그녀의 견문을 넓히고 싶다는 마음을 사장에게 전달하고 싶었다. 그래서 한국 속담을 인용해서 "People say I am a frog in a well.(사람들이 절 보고 우물 안 개구리라고 해요)"라고 이야기했다. 미국인 사장은 어리둥절한 표정으로 그녀에게 "What?(뭐라고?)"라고 물었다. 그녀는 다시 천천히 또박또박 "프로그 인 어 웰."이라고 이야기하니 미국인 사장은 더 더욱 어리둥절해 하며 '도대체 뭔 말을 하는 거야?'라는 표정으로 그녀를 쳐다봤다. 이처럼 외국인들과 생활할 때 한국 속담을 영어로 이야기하는 사람들이 있다. 아주 좋다. 나도 가끔 사용한다. 그들도 이런 속담들을 좋아한다. 장 모 씨도 '우물 안의 개구리'라는 표현을 하고 싶었다. 한 가지 여기서 생각해 봐야 할 것은 우리는 '우물 안의 개구리'가 내재하고 있는 의미를 설명하지 않아도 잘 안다. 왜냐면 어려서부터 들어왔기 때문이다. 그래서 이 속담을 들으면 길게 이야기 안 해도 무슨 의미인지 즉시 이해할 수 있다. 하지만 외국인들은 처음 듣는 표현이다. 이럴 경우에는 '우물 안의 개구리' 즉, 'A frog in a well'이 무슨 뜻인지 꼭 말해주자. 외국인들도 가끔 자기네 나라 속담을 이야기해 준다. 그러면서 그 속담이 무슨 뜻인지 알려주는데 매우 재미있다. 간혹 말을 해주지 않는 사람도 있는데 그럴 때는 뜻을 물어봐라. 그럴 경우, 무거운 대화를 하는 중에도 분위기가 훨씬 가벼워질수 있다. 또한 속담 표현을 하나 아는 것도 상대방의 문화를 조금 더 이해할 수 있는 계기가 된다.

4부

상위 1%로
우뚝 서는
글로벌 문화 대처법

나는 한국 사람으로서 매우 큰 자부심을 가지고 있다. 누가 봐도 한국 전쟁 이후 한강의 기적을 이뤄낸 민족이라는 자부심이다. 또한, 어느 경제방송에서는 세계 2차 대전 이후 전쟁을 겪은 나라들 중, IMF에서 빌린 돈을 상환한 유일한 나라는 대한민국밖에 없다는 말을 들은적이 있다. 앞서 말했듯이 내가 미국에서 살던 80, 90년대만 해도 한국이란 나라를 모르는 미국 사람들을 흔히 볼 수 있었다. 간혹 한국 사람들과 함께 일해보거나 이웃으로 가깝게 지냈던 외국인들은 한국 사람들의 근면성, 책임감, 끈기를 매우 높이 샀다.

그런 한국인들을 글로벌 비즈니스 환경에서 더욱 우뚝 설 수 있게 할 방법이 무엇이 있을까?

교육으로 만들어진 사고에서 벗어나라

어딜 가든 환영받아 마땅한 한국인들이 왜 글로벌 기업에서는 시키는 일만 잘하는 수동적인 사람이라는 이야기를 들을까? 또한, 원치않게 부장님은 억울한 누명도 쓰게 되는 것일까? 자료 수집은 정말 잘하는데 왜 본인의 의견이나 생각이 없는 결론을 가져올까? 또한, 왜 문제가 생기면 본인이 문제를 해결하기보다는 해결해 달라는 식으로 외국인 상사에게 보여질까? 이런 차이는 문화라고 부르는 복합적인 것에서 오는데 그중에서도 가장 영향을 받는 것이 교육 방식이 아닐까 하는 생각이다.

앞에서 많은 예를 보여줬듯이 유럽과 미국 교육의 시작은 토론이다. 초등학교 저학년들은 대부분 선생님과 동그랗게 모여 앉아서 그날 어떠한 활동을 할지 선생님이 이야기해 준다. 아이들은 짝을 지어 교실에 있는 책과 컴퓨터를 활용하여 적극적으로 그것에 관련된 자료를 찾는다. 그 다음 본인들이 찾아낸 내용을 여러 가지 유형의 결과물로 만들어 같은 반 친구들 앞에서 발표하고 질문도 한다. 한국처럼 선생님이 모든 수업 자료를 준비해 와서 하는 일방적인 강의 수업보다는 학생 본인이 직접 답을 찾아내는 활동 위주로 수업이 이루어진다. 이런 수업 방식은 초등 교육에서 끝나는 것이 아니라 대학교까지 쭉 이어진다. 점점 학년이 올라갈수록 활동의 강도가 세지고 과목에 따라 개인적으로 연구해서 리포트를 작성하는 방식의 공부로 자연스럽게 이어진다. 그렇기 때문에 한 과목 안에서 얇게 여러 가지를 배우는 것이 아니라 한 가지를 심도 있게 배우면서도 다각적인 시선으로 바라보는 교육을 받는다. 또한, 본인의 생각을 여러 사람 앞에서 발표하는 것은 아주 어릴 때부터 대학 때까지 지속적으로 이루어진다. 유럽과 미국 교육 과목의 폭과 깊이는 약간씩 차이는 있겠으나 기본적인 교육 방식의 철학은 비슷하다. 또한, 유럽 국가들은 학생들을 시험 성적으로 줄 세우는 평가 방식에서 벗어나는 쪽으로 흘러가고 있다. 그들의 교육철학은 개인의 행복을 추구하는 삶에 포커스가 맞춰져 있다. 그렇기 때문에 어떠한 일을 하든 굳이 대학을 가지 않아도 행복한 삶을 살 수 있다고 믿는다. 그래서 남과 나를 비교하는 일이 한국인들보다는 상대적으로 적은 것 같다. 한국에서 간혹 엄마가 아이와 길을 걷다 아이에게 하는 말 중 "너 공부 안 하면 저렇게 된다."라는 이야기를 듣는다. 도대체 저렇게 된다가 뭘까? 유럽에서는 직업학교 체계가 매우 잘되어 있기 때문에 한국 엄마들이 말하는 '저렇게'라는 직업은 공부를 안 해서가 아니라 그들의 선택이다. 독일에 살 때 직장 동료 아들 중에 수학과 물리를 아주 잘하는 아이가 있었다. 아마도 그 아이가 한국에서 교육을 받았으면 99%의 사람들은 어느 SKY 대학 중 이과대학에 진학할 것이라고 생각했을 것이다. 그리고 아마도 그 아이도 그랬을 것이다. 하지만 그 아이는 대학을 가지 않기로 결정했다. 그 대신 취직하기로 결정했다. 그 아이는 본인이 직업학교에서 배운 것을 빨리 현실에 적용하고 싶어 했다. 독일은 직업학교 졸업 후 다시 대학에 진학할 수 있는 방법이 많다(세계 최고의 교육법). 그 아이의 부모는 본인이 선택한 일이고 지금 당장 굳이 대학을 안 나와도 괜찮다고 했다. 아직 어리니 대학은 본인이 원할 때 가도 된다고 했다. 이처럼 유럽과 미국 문화는 풍요로운 자유 속에서 본인의 선택을 존중해 준다. 하지만 그 선택의 책임 역시 본인이 져야 한다는 교육도 동시에 받는다.

한국의 교육을 한번 보자. 물론 나는 사회적인 문제와 그와 연관된 많은 것을 배제하고 교육 방식 하나만 바라보는 일차원적인 관점에서 이 글을 쓴다. 한국은 중학교 때부터 시험 성적으로 줄을 세운다. 심지어 고등학생 때는 등급을 매겨서 등급에 따라 갈 수 있는 대학교가 정해진다. 물론 본인이 원하는 학교와 학과에 입학하는 학생들도 있다. 하지만 '인서울'이라면 어디든 좋다라든가, 성적에 맞춰서 학교와 학과를 선택해 가는 경우도 많다. 하지만 이 모든 게 수능시험이라는 거대한 시험 결과에 의해 결정되기 때문에 선택의 폭은 넓지 않다. 또한 대학을 가기 위해 초등학교, 심지어 유치원부터 사교육으로 선행 학습에 맞춰져 치열한 경쟁을 한다. 학원 문화는 세계적으로 한국이 최고인 듯하다. 어려서부터 예체능을 비롯해 부모가 짜놓은 학원 스케줄대로 아이들이 '뺑뺑이'를 돈다. 간혹 아이가 학원을 보내 달라고 이야기하는 경우도 있다. 하지만 대부분 학원과 과외를 알아보고 스케줄을 관리하는 것은 오로지 부모의 몫이다. 대부분의 아이는 학원 스케줄을 통보받고 가기만 하면 된다. 이처럼 교육 활동의 주체가 학생이 아니라 부모이다. 대학교에 가서 본인이 주체가 되어 시간표도 작성하고 리포트도 쓰고 다른 학생들과 함께 과제도 한다. 하지만 초등학교 1학년부터 대학교까지 주체적으로 내가 결정해서 하는 교육을 받는 유럽인들과 대학교 4년 동안 수동적으로 토론에 참여한 사람들의 차이는 분명히 다르다. 또한 개인의 성향에 따라 한국에서 교육을 받았어도 유럽과 미국식 사고방식을 빨리 받아들이는 사람들도 있다. 요즘 한국의 대학들도 시대의 흐름에 맞게 교육 방식을 꾸준히 변화하기 위해 많은 노력을 하고 있다.

내 경우에도 먼저 무언가를 주체적으로 시작해보자는 이야기를 하는 직원은 한 손에 꼽을 수 있을 정도였다. 그렇게 주체적으로 뭔가를 시작하는 직원들은 대부분 다른 글로벌 기업으로 이직해서 좋은 기회를 잡아 성공적인 직장생활을 하고 있다. 어떤 경우에는 뭔가를 시작해보려는 직원들에게 "하지 마, 하지 마. 왜 튀게 행동하냐.", "도대체 그런 걸 왜 하려고 해."라면서 먼저 반대를 위한 반대를 하는 사람들도 많이 봤다. 왜냐면 변화는 불편하기 때문이다.

글로벌 기업이라고 모두가 같은 수준으로 글로벌화되어 있지는 않다. 애플, 구글, 나이키, 아디다스, 코카콜라 등 우리가 아는 커다란 브랜드 회사들은 글로벌 회사의 선두 주자들이어서 이미 많은 것을 시도해봤고 시행착오도 겪은 회사들이다. 아마 그 조직들도 현재 뭔가의 또 다른 시행착오를 겪는 중일 수도 있다. 하지만 모든 외국계 회사가 글로벌화되어 있지는 않다. 아직 글로벌화를 시작도 못 하고 그냥 한국에 영업 사무실 수준의 회사를 설립해 놓은 회사들도 있다. 그렇기 때문에 외국계 기업이라고 어느 정도 글로벌화되어 있다는 착각은 하지 않았으면 좋겠다. 하지만 문화에서 오는 그들의 일하는 사고방식은 큰 브랜드 회사들과 그리 크게 다르지 않을 것이다. 글로벌 기업화 되어 있는 회사들은 일단 여러 나라 사람들이 함께 일하기 때문에 서로를 존중해주는 것을 가르친다. 그리고 상사로서 갖춰야 할 덕목들을 각 직급에 맞게 차근차근 가르친다. 만일 그들이 상사로서 갖추어야 할 덕목에 위배되는 행동을 하면 언제나 신고할 수 있는 시스템이 갖춰져 있다. 또한 신고를 받은 제3의 기관과 함께 조사하고 조치를 취한다. 그리고 앞으로 가능성이 보이는 직원들에게는 다른 나라의 문화를 체험할 수 있는 기회를 주는 회사들도 있다. 하지만, 이 시스템은 놀랍게도 모든 외국계 기업들이 갖추고 있지는 않다.

나의 문화를 제대로 아는 것이
성공의 시작이다

외국에서 직원들이 한국에 오면 꼭 한국 역사에 대해 많이 물어본다. 또한 함께 차를 타고 다니면 여러 건물들에 대한 질문도 많이 한다. 하지만 많은 한국 사람들은 한국에 대해 잘 모르고 있다. 대부분 역사는 대입 시험 위주로 단편적으로 외웠기 때문에 역사를 연결시켜서 이야기하기를 힘들어한다. TV 프로그램 중 〈어서 와 한국은 처음이지〉를 보면 유럽의 다양한 나라들에서 친구들이 한국을 방문한다. 그들의 공통점은 한국에 오기 전에 한국 역사에 대해서 어느 정도 공부를 하고 온다는 것이다. 그리고 박물관과 역사 유적지를 방문하면서 한국이라는 나라에 대해서 더 알려고 노력한다. 서대문 형무소를 방문해서 한국인들이 독립을 위해 얼마나 많은 사람들이 피를 흘렸는지 경건한 마음으로 바라보는 것이 인상적이었다. 또한, 사방이 산으로 둘러쌓여 있어 서울이 언제나 쉽게 자연을 즐길 수 있는 행복한 도시인 것에 감탄하는 모습도 새롭게 서울을 바라볼 수 있게 해주었다. 그들의 시선은 사뭇 내 역사와 문화에 대해 다른 시각으로 한 번쯤 생각해보게 만들었다. 또한, 유럽은 큰 도시를 제외하고는 한국 식당이 많지 않다. 한국 음식이 처음인 사람들은 다양한 종류의 한국 음식과 술을 먹으면서 재미있는 이야기도 나눈다. 나는 이 프로그램을 시청하면서 그들의 눈으로 다시 한국을 보는 것이 매우 흥미롭다.

어느 정도 영어를 잘하는 한국의 글로벌 기업 직장인들이 일반적으로 말하는 공통적인 것이 있다. 그것은 영어로 업무 이야기하는 것은 전혀 문제가 안 되는데 업무 이외 외국인 직원들과 어떤 이야기를 해야 할지 모르겠다는 이야기를 많이 한다. 외국인 직원들이 한국인 직원들과 친해지려고 저녁식사도 하고 업무 시간 이후 같이 맥주도 한잔 하자고 하는데 나가면 마땅히 무슨 이야기를 해야 할지 모른다는 거다. 그래서 주로 꺼내는 이야기가 K-팝 스타 이야기나 K-드라마, 또는 한국 음식 등 지금 글로벌하게 주목받는 한국 콘텐츠나 사무실 가십(Gossip)거리로 곧 대화가 끝나버린다. 사무실 가십을 너무 자주 하다 보면 안 좋은 인상을 줄 수 있기 때문에 잘 조절해야 한다. 이럴 때 가장 좋은 것은 인문학적 주제이다. 낯선 여행지에서 만난 낯선 이의 친절함, 기차를 잘못 타서 엉뚱한 곳에 가본 이야기, 미술관에서 봤던 어느 멋진 조각상의 느낌, 처음 먹어본 이국적 음식 등등. 인문학적 소재는 다양하고 개인의 느낌이나 해석이 각각 다르기 때문에 좋은 이야기거리가 될 수 있다. 예전에 함께 일했던 프랑스 사장은 인문학적 상식이 매우 높았다. 함께 출장을 가면 그 나라의 역사에 대해 아주 자세히 이야기해 줘서 여행 내내 모두 재미있게 다닐 수 있었다. 한번은 함께 유럽피언 챔피언스 리그를 고객사들을 모시고 간 적이 있다. 그 당시 독일에서 챔피언스 리그 경기를 했는데 경기를 보기 전 고객사들을 모시고 인근 도시 몇 군데를 돌면서 관광도 해야 했다. 고객사들을 위해서는 한국 관광 가이드를 고용했다. 하지만 인원이 많다 보니 한 명의 가이드를 모두 따라 다니는 것은 힘들었다. 그래서 직원들은 사장님과 함께 돌아다녔다. Rothenburg(루텐버그)에 가서 야외에 전시되어 있는 희한하게 생긴 오래된 커다란 바구니 마차와 벽에 새겨진 자를 볼 수 있었다. 사장님이 그 물건들의 용도를 재미있게 설명을 해주셨다. 예나 지금이나 독일의 주식은 빵이었다. 그런데 옛날에 어리석은 제빵사들이 빵의 그램 수를 속여 팔다가 걸리면 커다란 바구니에 제빵사들을 넣어 똥물에 넣었다 뺐다 하는 것이 형벌이라고 했다. 또한 빵의 크기가 규격에 맞는지 확인하기 위해 벽에 자를 그려서 제빵사들의 빵 크기를 재어보게 했다고 한다. 사장님은 웃으면서 "제인도 잘못하면 여기 넣는다."라고 이야기해서 모두가 빵 터졌다. 아마도 사장님이 이야기해주지 않았으면 우리는 그 물건의 용도를 아직도 몰랐을 것이다.

해외여행을 갈 때 그 나라에 역사에 대해서 어느 정도 공부를 하고 가길 바란다. 그리고 어느 도시를 방문하든 꼭 워킹투어(Walking Tour)를 해보는 것을 권장한다. 도시를 반나절 정도 걸어 다니면서 그 도시의 역사를 가이드가 설명도 해주고 건물 양식, 역사 및 음식 등 다양한 문화에 대한 이야기를 들을 수 있다. 나도 해외여행을 가면 꼭 워킹투어를 한다. 워킹투어가 끝나고 인상 깊었던 박물관, 미술관, 공원 등을 다시 방문해서 더 자세한 해설을 들어본다. 나는 개인적으로 여행을 하면서 그 나라 건축물의 지붕을 유심히 본다. 내게는 나라마다 고전 건축물의 지붕과 그 나라의 전통 모자의 유사점을 찾는 것이 재미있다. 유럽의 빵 역시 같은 유럽권에서도 조금씩 다르다. 그 이유는 버터를 만드는 재료인 우유의 공급이 어떠했냐는 경제적인 이유가 뒤에 숨어 있다. 이런 워킹투어를 할 때 내가 제일 많이 들었던 말은 한국인이 함께하는 것이 처음이라는 이야기였다. 아마도 대부분 영어 때문에 그럴 것이다. 하지만 영어가 어느 정도 가능한 한국인들도 이런 워킹투어를 하는 경우는 드물다. 내가 여행 중 가장 많이 한국인들을 보는 곳은 쇼핑센터, SNS에 소개된 맛집, 그리고 아주 유명한 관광명소의 포토존이다. 다들 열심히 쇼핑을 하든가 사진을 찍고 있다. 쇼핑과 사진을 찍는 것도 당연히 중요하다. 남는 건 사진밖에 없다는 이야기가 있듯이 말이다. 하지만 글로벌 기업에서 커리어를 쌓는 사람들이라면 내가 소속된 기업의 나라에 대해서도 공부해 보고 여행해 보는 것을 권장한다. 다양한 방면으로 그 나라의 문화를 이해하려고 노력해 보면 현재 속해 있는 기업의 문화를 좀 더 쉽게 이해할 수 있다. 아무리 다양한 나라 사람들이 모여 있는 글로벌 기업이라해도 그 회사의 기업 정신은 속해 있는 나라의 철학과 문화를 바탕으로 이루어진 경우가 많다. 나는 나이키와 아디다스 두 곳에서 모두 일해봤다. 같은 글로벌 스포츠 회사이자 경쟁사다. 하지만 두 기업이 일하는 방식은 완전히 다르다. 나이키는 미국 회사이기 때문에 효율성 및 스피드를 중요시 생각한다. 그래서 결정도 매우 빠르다. 미국 문화는 탑다운 방식으로 일하기 때문에 미국 본사에서 거의 모든 마케팅과 영업 전략을 만들고 각 나라들은 그대로 실행만 하면 된다. 반면 아디다스는 독일 회사이기 때문에 합의하는 문화여서 구조와 과정(structure와 process)을 중요시한다. 마케팅과 영업 전략 역시 그 나라에 맞게 실행하는 것을 어느 정도 허락한다. 반면 결정은 모두가 동의해야 하고 각각의 과정을 지켜야 하기 때문에 상대적으로 결정하는 속도도 다르다. 시대가 변하면서 두 회사의 마케팅과 영업 전략도 지속적으로 바뀌고 앞으로도 계속 진화할 것이다. 반면 문화에서 오는 특성은 사람마다 얼굴이 다르듯이 두 회사도 다르다. 하지만 두 화사를 일반화해서 그냥 글로벌 기업은 다 같은 방식으로 일할 것이라는 일반화의 오류를 범하지 않았으면 좋겠다. 모든 글로벌 회사가 같은 방식으로 일한다는 생각은 새로운 외국계 기업으로 이직했을 경우 적응을 힘들게 할 수 있다.

3

상대의 문화를 존중하며 행동하라

한국 문화와 서양 문화는 완전 극과 극에 서 있다. 이렇게 다른 문화권 사람들이 같은 조직 안에서 어떻게 생활해야 할까? 이상적인 시나리오는 회사를 이끄는 임원들이 중간점을 찾아 유연한 사고방식과 이해심으로 직원들이 일할 수 있게 만들어주는 것이다. 하지만, 이상적인 상황은 교과서에만 있다. 현실은 내가 나에게 맞게 상황을 만들어가야 하는 노력이 필요하다. 그 시작점은 내가 나를 먼저 아는 것부터 시작한다. 고대 그리스의 소크라테스 시절부터 21세기를 사는 오늘날까지 인간은 끊임없이 본인을 객관화하려는 노력을 한다. 직장인들은 나의 업무적인 장단점을 고민해보는 것부터 시작해야 한다. 대부분의 글로벌 기업들은 회사가 직원들을 평가하고 요구하는 항목들이 몇 가지씩 있다. 그 항목들의 의미를 하나씩 정확하게 파악하고 나의 장단점이 부합하는지 재해석을 해야 한다. 어떤 사람들은 매출만 맞추면 된다는 생각에 나머지 사항들에 대해서 큰 고민을 하지 않는다. 이런 사고방식은 자신의 발전 기회를 박탈하는 자세이다. 각 직급에 맞게 정량적과 정성적 성과의 평가율이 다르기 때문에 한마디로 정의를 내리기는 쉽지 않다. 하지만 내가 지금 현재 소속되어 있는 글로벌 기업에서 성공하고 싶으면 여기서 멈춰서는 안 된다. 본인이 다음 레벨로 가기 위해 무엇이 필요한지 고민해야 한다. 예를 들어 실행력을 요구하는 항목이 있을 경우 나의 실행력은 어떠한지 본인이 먼저 본인을 객관적으로 평가해야 한다. 여기서의 키워드는 객관화다. 가끔 본인을 과대평가하거나 과소평가하는 직원들이 있다. 둘 중 설득시키기 힘들지만 나의 경우는 과대평가 쪽이었다. 충분한 근거 없이 본인을 과대평가한다. 예를 들면 지난 12개월 동안 성공한 한 가지 프로젝트를 전체 항목에 적용시켜 1년을 평가하는 경우다. 다시 말하자면 총 4개의 프로젝트를 진행했는데 그중 하나만 성공시켰다. 나머지 3개의 실패는 잊어버리고 성공한 한 개의 프로젝트만 평가하여 본인이 마치 회사를 1년 동안 먹여 살린 것처럼 자신을 평가하는 사람도 있다. 그렇기 때문에 본인을 객관화하려면 현재와 과거 2년 동안 진행했던 모든 프로젝트를 놓고 솔직하게 평가해야 한다. 회사마다 평가하는 등급이 있다. 본인의 결과가 본인이 생각하는 등급에 맞는지 솔직히 놓고 생각해보자. 그 후, 잘된 것과 잘못된 것을 판단하고 판단의 근거가 뭔지, 그리고 왜 그렇게 생각하는지를 나열해보자. 만일 본인이 속해 있는 글로벌 기업에서 본인 상사와 1:1 미팅이 있을 경우 본인 상사와 충분한 이야기를 나눠보자. 내가 생각하는 실행력과 상사가 바라보는 실행력에는 차이가 있을 수 있다. 만일 상사가 개선점을 요구하면 어떤 점을 개선해야 할지 꼼꼼히 물어보고 개선하도록 노력하면 나의 커리어 발전에 큰 도움이 될 것이다. 불편한 진실이지만 업무평가는 완벽히 객관적일 수 없다. 어느 정도 상사의 성격과 문화 배경에 의해 주관적인 평가가 들어간다. 그렇기 때문에 정량적인 평가 자료도 중요하지만 정성적인 평가 자료를 근거로 남겨놓는 것이 매우 중요하다. 본인 업무에 대한 고민도 끝없이 해야 한다.

단체 문화권 사람들은 무엇을 시작하기 전에 잘해보려고 사전 준비를 철저히 한다. 그래서 아마도 우리는 취업 준비를 위해 많은 자격증과 스펙을 쌓고 심지어 스터디 그룹까지 만든다. 준비만큼 중요한 것이 결과에 대한 분석이다. 우리는 매일 본인이 맡은 업무에 작고 큰 성공과 실패를 경험한다. 이러한 성공과 실패에 대한 경험을 꼭 분석해보길 바란다. 왜 성공 또는 실패했는지, 무엇을 잘했거나 잘못했는지, 만일 다르게 한다면 무엇을 어떻게 다르게 할지 등등 꼭 분석해보길 바란다. 그리고 다음에 비슷한 상황이 오면 꼭 다르게 해보길 바란다. 이런 분석을 팀들과 함께 하는 것도 의미 있지만 자신만의 분석을 가지는 것도 중요하다. 같은 영화나 책을 봐도 모두가 느끼는 포인트는 다르기 때문이다.

정량적인 평가 자료의 근거를 남길 수 있는 기회가 바로 1:1 미팅이다. 대부분 글로벌 기업들은 업무평가를 최대한 객관적으로 하기 위해 많은 시간을 들여 업무평가 자료를 만든다. 하지만, 쓰임새는 나라마다 조금씩 다르게 쓰인다. 예를 들어 한국 문화에서는 누가 승진할 차례가 되면 객관적인 업무평가보단 '몰아주기'를 하는 경우도 있고, 반대로 '양보'를 해야 하는 경우도 발생한다. 나도 예전에 내 객관적인 업무성과와 상관없이 업무평가 등급을 양보해야 하는 경우가 있었다. 그 당시 상사에게 들었던 이유 중 가장 황당한 이유는 내가 여자이기 때문이었다. 그 상사는 전형적인 꼰대여서 내가 다른 여직원들처럼 고분고분하지도 않고 내 주장이 강하다는 이유로 날 별로 좋아하지 않았다. 나는 부당한 것을 못 참는 성격이어서 내 상사 사무실을 나오자마자 바로 사장님 사무실을 찾아갔다. 그 당시 사장님은 독일인이었다. 다행히 사장님이 그리 바쁘지 않아서 흔쾌히 들어오라고 했고 앉아서 방금 들은 이야기를 했다. 사장님께 나의 업무에 대한 결과 자료를 하나씩 내보이면서 받아들이지 못하겠다고 말하니 사장님은 자료를 꼼꼼히 보시겠다고 약속하셨다. 며칠 뒤 사장님이 나를 부르더니 "제인, 당신이 제시한 자료가 모두 합당한 것 같아요. 당신 상사의 처세가 부당한 것을 나도 인정해요. 그래서 다시 당신과 이야기를 나누라고 당신 상사에게 이야기해놨어요. 둘이 좋게 결론을 보길 바라요."라고 이야기했다. 사장님은 그 상사에게 내 인센티브율을 다시 재조정해 주라고 전달했던 것이었다. 나의 꼰대 상사가 다시 날 불렀다. 그의 말은 "내가 아무리 생각해도 제인의 인센티브율이 부당한 것 같아서 사장님께 다시 이야기했어. 인센티브율 조정이 필요하다고. 자, 이거면 됐나?"라고 했다. 정말 어느 누구도 겪으면 안 될 웃픈 경험이었다. 요즘은 대놓고 여직원이라는 이유로 차별을 하는 기업은 없다. 있어도 법으로 여성의 권리를 보호받을 수 있다. 만일 내가 그냥 감정적으로 사장님을 만나서 울음부터 터트렸다면 사장님도 내 부당한 사정을 의심했거나 그저 나를 감정적인 사람이라고 생각했을 것이다. 하지만, 독일인들은 감정보다는 구조와 과정을 중요시 생각하기 때문에 맞지 않은 일에 대해서는 용납해주지 않는다. 그렇기 때문에 본인의 뜻을 관찰시키려면 본인의 외국인 상사 문화에 맞게 자료를 준비하고 행동하는 것이 현명하다.

때로는 유럽과 미국의 문화를 역으로 이용하는 것도 매우 영리한 방법이다. 글로벌 기업들은 '안식년'이라는 제도가 있는 회사들이 있다. 장기 근속한 직원들이 번아웃(Burn-out)이 되지 않게 근속 연수에 따라 일정한 휴식기간을 주는 제도다. 한 후배가 본인 안식년 기간 동안 그녀의 업무 능력을 조금 더 발전시키고 싶었다. 다른 나라에서는 같은 업무를 어떻게 다르게 하는지 궁금했고 경험도 해보고 싶었다. 대부분 글로벌 기업 사장들은 지사가 있는 나라들의 사장 자리를 돌아가면서 맡는다. 그녀는 한국에서 직원들에게 좋은 인상을 심어주고 간 뉴질랜드 출신 사장이 미국 사장으로 재직 중인 것을 알았다. 그녀는 '그 사장님이 본인을 기억이나 할까? 나 같은 차장이 사장에게 이메일을 보내도 되나?' 하는 생각에 선뜻 이메일을 보내지 못했다. 며칠 고민 끝에 용기를 내어 이메일을 보내봤다. 며칠 후, 뉴질랜드인 사장이 그녀를 흔쾌히 도와주겠다고 답장을 보내왔다. 그녀는 너무 기뻤다. 일단 그가 본인을 기억해 줬다는 것이 너무 기뻤고 또한 기회까지 만들어주겠다는 것도 기뻤다. 하지만 코로나가 갑자기 닥쳐서 기회는 무산됐지만 그래도 그녀에게는 매우 소중한 추억이 되었다. 외국인들은 모르는 사람에게 연락하는 것을 두려워하지 않는다. 한국 사람들 대부분이 내 후배와 비슷한 생각으로 선뜻 연락하지 못한다. 하지만 그들의 문화를 충분히 이해하면 내 후배처럼 역으로 활용할 수도 있다.

4

한국인의 장점을 100% 발휘하라

한국 사람들은 서양 사람들이 이해하기 어려운 '정'과 '눈치'라는 문화를 가지고 있다. 예전 뉴질랜드인 사장은 한국에서 근무할 당시 사장으로서는 매우 젊은 나이였다. 30대였던 그는 결혼한 지 얼마 되지 않아 어린 아기도 있었다. 그의 운전을 맡고 있던 차장님이 계셨는데 그분은 누구에게 잘 보이기 위해서 행동하는 사람이 아니었다. 그냥 순수하고 정 많은 한국 아저씨셨다. 눈이 오는 겨울날이면 차장님은 사장님의 아내와 어린 아기가 미끄러져 넘어질까 봐 아침에 일찍 출근해서 사장님 마당에 눈을 쓸었다. 사장님은 차장님께 눈 쓰는 일은 차장님의 일이 아니니 하지 마시라고 여러 번 당부했다. 하지만 한국인 특유의 정이 많은 차장님은 사장님의 아내와 어린 아기가 걱정되어 계속 눈을 쓸어주셨다. 그분은 사장님이 떠나는 날까지 겨울에 눈이 오는 날이면 꼭 눈을 쓸어주었다. 그 사장님은 차장님을 아버지처럼 여기고 다음번 부임해오는 사장에게까지도 그 차장님에 대한 좋은 이야기를 남기고 가셨다.

또, 내 옛 동료 L씨는 영국에서 3개월 파견 근무가 끝나고 다시 한국으로 복귀하기 전에, 그동안 신경을 써주고 좋은 추억을 만들어준 팀원들이 고마워서 일일이 손편지를 보냈다. 쉽게 여러 명에게 한 번에 이메일을 보낼 수도 있었지만 유난히도 정이 많은 그녀는 일일이 받는 사람과의 특별한 추억을 공유하며 손편지를 써주었다. 그녀는 한국에 돌아온 지 거의 8년이 된 지금도 그들과 연락을 하면서 지낸다.

이처럼, 유럽인이나 미국인들이 이해하지 못하는 정, 눈치, 그리고 한국인들만의 예의를 적절히 활용하면 슬기로운 직장생활을 할 수 있을 것이다. 이런 방법은 상사의 성격이 어떠한지, 또는 어느 문화에서 왔는지 크게 영향을 주지 않는다. 대부분 성격이 무뚝뚝하고 까칠해도 눈치있게 행동하는 정 많고 예의바른 사람한테 사납게 굴지 않는다. 그러나 솔직히 가끔 그렇지 않은 사람들이 있기는 하다. 본인의 까칠함을 무기로 생각하는 사람들이 있다. 그런 사람들은 같은 문화권 사람들과도 쉽게 어울리지 못하고 모두를 업무적으로만 딱딱하게 대한다. 그런 사람들은 어쩔 수 없다. 하지만 그런 사람들한테까지 수동적이라는 인상을 남길 필요는 없다. 그런 사람들은 업무평가를 할 때도 매우 극단적으로 짜게 하는 성향이 있다. 하지만 반대로 그런 사람이 인정해줄 때는 내 날개에 부는 순풍이 된다. 그런 순풍을 맞으려면 눈치껏 사람의 성향을 빨리 파악하고 업무 지향적인 면과 관계 지향적인 면을 잘 밸런스해서 행동하길 바란다. 무턱대로 한국식으로 계속 관계 지향적으로 개선하려고만 들면 자칫 원치 않는 오해를 살 수도 있다. 직장생활에서 억울한 일을 최소화시키는 것도 지혜로운 직장생활 중 하나일 것이다.

열심히만 할 것인가?
아니면 잘할 것인가?

한국 사람들이 자주 사용하는 말 중 하나가 '열심히 한다'라는 것이다. 뭐든지 열심히 하라고 우리는 어렸을 때부터 교육받았다. 공부도, 일도, 먹는 것도 모두 열심히 한다. 하지만 열심히만 하다 보면 억울해지는 경우도 있다. 운 나쁘게 결과가 안 좋은 상황이면 내 노력은 몰라주고 결과만으로 평가를 받는 억울한 상황에 놓인다. 직원들 면접 볼 때 가장 많이 듣는 말이 열심히 일하겠다는 말이다. 하지만, 열심히만 일하고 성과가 없는 직원에 대한 글로벌 기업들의 포용력은 그리 넓지 않다. 내 친한 동료 중 한 명은 매우 내성적인 성격이고 맡은 일은 정말 누구보다 열심히 한다. 하지만 그녀는 본인이 쏟아부은 노력에 비해 오해를 사거나, 불신을 사는 일을 가끔 겪는다. 그녀는 학창 시절의 우등생 기질을 발휘하여 업무 역시 그 누구보다 더 열심히 한다. 그렇게 일만 하는 스타일이다 보니 회사에 도는 소문의 종착역이기도 하다. 그런 그녀가 왜 외국인 상사나 동료들로부터 오해와 불신을 사는 것일까? 가끔 그녀와 식사를 하면서 이런저런 이야기를 들어보면 그녀는 여전히 무작정 열심히 일만 하고 있다. 그녀가 하는 일은 제품을 담당하는 머천다이징 업무다. 한국에서 잘 팔릴 만한 제품을 시즌별로 한국에 런칭하는 업무다. 때로는 한국에 맞는 제품을 디자이너와 함께 기획도 해야 한다. 최근 그녀가 기획한 제품 원가를 논의하는 자리에서 "이사님, 왜 이렇게 비싼 단추를 쓰지요? 이거 하나에 1불이 넘어요. 이러면 전체적인 제품 마진에도 영향을 줍니다."라는 질문을 외국계 구매부 직원에게 받았다. 그녀는 "그냥 이런 걸 한국 사람들이 좋아해서요."라고 대답했다. 물어본 사람은 미국인 직원이었다. 그녀는 그 업무를 25년 넘게 해온 전문가임에도 불구하고 능력을 의심받았다고 한다. 그 이유는 비싼 단추를 왜 사용해야 하는지에 대한 명확하고 근거 있는 답이 아니라 그녀의 대답은 너무나 추상적이었기 때문이다. 다행히 그 제품이 잘 팔려서 문제가 커지지는 않았다. 유럽인이나 미국인들과 이야기할 때는 추상적인 대답보다는 명확한 팩트를 가지고 이야기해야 한다. 물론 디자인 같은 업무는 뭔가 수치화된 것을 보여주기 매우 힘든 업무다. 그래도 애매하게 '단지 한국 사람들이 좋아한다.'라는 답변은 수긍하기 힘든 답변이다. 만일 그녀가 그런 비슷한 사례를 준비해서 판매 실적을 보여주었다면 오해 없이 빨리 수긍했을 것이다.

　예전만 해도 서양인들의 발 모양 위주로 운동화들이 많이 디자인되었다. 그러다 보니 운동화 디자인이 예뻐서 한국에 런칭하고 싶어도 발볼이 좁아 도저히 팔 수가 없는 제품들이 많았다. 함께 일하던 직원 S씨가 유럽 운동화들의 발볼이 한국인 발볼과 맞지 않는다는 것을 수도 없이 유럽 본사에 설명해도 유럽인들이 이해를 못 했다. 그들 생각에는 사람 발 모양이 다 비슷하지 뭐가 그리 다른지 이해하지 못했다. S씨는 한국인과 유럽인들의 발볼과 발등 높이의 차이를 설명해주기 위해 한국인과 유럽인의 신체적 차이에 대한 대학 논문을 어느 대학 도서관에서 찾아왔다. 그리고 그 중 발 부분만 발췌해서 독일에 보냈다. 다행히 논문이 영문으로 되어 있었다. 그 후, 지금까지 더 이상 유럽인들 위주의 제품이 나오지 않는다. 유럽인들과 미국인들은 열심히 하는 것보다 명확하고 근거 있는 커뮤니케이션을 더 선호한다. 한국식의 애매모호한 표현은 좋은 방법이 아니다. 최대한 수치화된 자료로 증명을 하면 본인이 원하는 것을 쉽게 얻을 수 있을 것이다.

⑥
성공을 위해 유연하게 커뮤니케이션하라

앞부분에서 설명했듯이 유럽인들이나 미국인들은 한번 'No' 하고 결정하면 쉽게 무르지 않는 인상을 준다. 또한 그들만의 직설적인 화법으로 매우 단호하고 매몰차게 이야기한다. 이런 상황에서 한국 사람들은 그 사람들을 오해한다. 유연성 없고 매우 차갑고 정 없는 사람으로 말이다. 가끔 외국 직원들을 설득시키지 못하는 상황이 오면 한국식으로 말없이 있다가 다르게 일을 해서 애매한 상황에 처할 때도 있다. 한국 직원은 단지 열심히 잘하려고 한 행동인데 서양인들이 봤을 때는 거짓말을 하는 행동으로 생각한다. 이런 경우 신뢰가 무너지고 거짓말쟁이로 누명을 쓰면서 함께 일하기 어려운 경우가 생겨난다.

유럽과 한국은 똑같이 4계절이 있으면서도 날씨는 매우 다르다. 유럽도 나라마다도 약간씩 다르지만 대체적으로 유럽의 여름은 한국처럼 습도가 높지 않기 때문에 야외에서 할 수 있는 운동이나 활동이 많다. 또한 유럽은 장마가 없고 고온으로 기온이 올라가는 날은 2-3주 정도다. 요즘은 지구 온난화 때문에 유럽도 살인적인 고온현상으로 힘든 상황에 놓여 있긴 하다. 내가 독일에 처음 가서 놀랐던 것이 가정에 에어컨이 없다는 것이다. 가전제품 매장에도 에어컨을 안 팔아서 가정집에 에어컨이 있는 집이 없었다. 요즘 현대적으로 지은 신식 건물에는 에어컨을 설치하지만 일반적으로 연식이 있는 건물에는 에어컨이 없다. 습기가 없기 때문에 창문을 열고 햇빛만 잘 가리면 쾌적하다. 이러한 미묘한 차이로 글로벌 본사에서 내놓은 마케팅 캘린더를 그대로 한국에 적용하면 낭패를 본다. 예를 들어 신학기도 다르기 때문에 그들의 마케팅 캘린더를 그대로 복사해서 붙여넣기를 하면 한국 소비자들에게 외면을 당한다. 마케팅 직원들은 이런 일로 본사 마케팅 직원들과 마찰을 벌일 때가 있다. 다행히 본사 마케팅 직원이 한국에 대한 이해도가 있으면 마찰을 벌일 이유가 없겠지만 대부분 모른다. 또한 직원들이 계속 바뀌기 때문에 어쩔 수 없다. 한국에 대해 모르는 직원에게 설명하다가 벽에 부딪치면 가끔 알겠다고 하고 한국에 돌아와서 몰래 한국에 맞게 고쳐서 일하는 직원들도 봤다. 그러다 발각되어 본사 직원과 일이 크게 번진다. 그 후, 두 직원들은 돌이킬 수 없는 강을 건너 둘 중 하나가 자리를 옮기는 것도 봤다. 내가 생각해도 참 억울한 일이다. 솔직히 말해 둘 다 잘못은 없다. 둘 다 각자의 일을 본인 상황에 맞게 충실히 했을 뿐이다. 하지만, 한국 직원이 정당한 근거 자료를 바탕으로 설득했으면 더 좋았지 않았을까 하는 생각이다. 그랬으면 나중에 일이 커져도 근거 자료를 보여주면서 시시비비를 따져볼 수 있다. 하지만, 앞에서 알겠다고 하고 뒤에서 다른 액션을 취한 것은 신뢰에 금이 가는 행동이다. 한국 직원도 타당한 이유는 있었다. 유럽인이나 미국인들의 직설적인 화법 때문에 더 이상 말하기가 쉽지 않았을 것이다. 하지만 한국의 'Yes'는 말 그대로 'Yes'가 아닌 "네. 뜻은 알았어요."이기 때문이다. 내가 동의했다는 뜻이 아니었다는 것을 유럽 직원들은 몰랐을 것이다. 이런 커뮤니케이션 차이를 유럽인이나 미국인들은 알지 못해서 실전에 곤란하고 어려운 상황이 생긴다.

7

세계가 지켜보는 지금이 기회다

앞부분에서 동기 부여를 이야기했을 때, 한국인들은 외부 자극에 반응한다고 이야기했다. 그럼 왜 한국인들은 외부 자극에 반응할까?

성수동, 홍대, 강남역 등 젊은이들이 많은 거리를 가보면 우리나라 젊은이들은 모두 세련된 차림으로 거리를 돌아다닌다. 유럽인이나 미국인이 한국으로 출장 와서 시장조사를 같이 나가면 한국 젊은이들의 세련되고 멋진 패션 센스에 놀란다. 여자, 남자 할 것 없이 모두 비슷하게 유행하는 헤어스타일, 패션, 문화를 즐긴다. 반면 중고등학교 남학생들은 모두 똑같은 헤어스타일을 하고 있다. 그래서 패션 아이템 하나가 대박을 치면 한국만큼 대박을 치는 경우를 보기 드물다. 그래서 많은 글로벌 패션 브랜드들이 한국을 테스트 마켓으로 삼고 젊은이들 상대로 다양한 시도를 해본다. 나도 글로벌 라이프 스타일 브랜드를 총괄하던 시절 이러한 현상이 많이 궁금했다. 유럽이나 미국에서는 대부분의 제품이 골고루 팔리는 경향이 있다. 물론 스타일이나 카테고리별로 매년 조금씩 등락은 있지만 한국처럼 오른쪽에서 왼쪽으로 우르르 몰려가는 현상은 드물다.

런던, 파리, 뉴욕, LA 등 대도시를 제외하고는 유럽과 미국의 중간이나 소도시에서는 패션니스타를 찾아보기 힘들다. 약간의 거짓말을 보태서 10년 된 5벌의 청바지를 365일 입는 사람들을 찾아보는 것이 훨씬 쉽다. 또한 머리도 집에서 자르는 사람들도 많고 여성들은 화장을 거의 하지 않는다. 미용실이 비싸서 자주 못 간다고들 하는데 요즘 한국도 미용실 비용은 만만치 않다. 그래도 한국인들은 아무리 바빠도 틈을 내어 뷰티샵을 방문하고 언제나 단정한 용모를 유지하려고 힘쓴다. 정말 많은 외국인들을 만나봤지만 상대적으로 패션과 용모에 그리 많은 투자와 노력을 하지는 않는 것 같다. 물론 예외적인 유럽인이나 미국인들도 있다. 왜 그럴까?

이 질문에 대한 토론은 내가 유럽인들과 함께 글로벌 라이프 스타일 브랜드를 총괄하던 시절 제일 많이 하던 토론 중 하나였다. 그 당시에도 이 문제는 쉽게 결론을 낼 수 없는 문제였다. 그 당시 나도 지식이나 경험이 짧아서 뭐라 이야기하기 힘들었다. 그러나 지금 생각해보면 이런 현상은 많은 문화적 요소가 복합적으로 섞여 있는데 그 중 가장 크게 작용하는 것이 외부에서 받는 자극을 중요시하는 특성에서 오는 것 같다. 한국 사람들은 옛날부터 남의 이목을 중요하게 생각했다. "남이 보면 뭐라고 하겠냐.", "남들이 손가락질한다.", "남들이 보면 어떻게 하냐." 등등 우리 할머니와 부모님 세대들로부터 많이 들은 이야기다. 또한 우리들은 알지 못하는 '엄친아'와 '엄친딸'들에게 언제나 비교당하면서 살고 있다. 그래서 젊은 엄마들이 자기 자식이 또래 아이들이 받는 사교육에 뒤쳐지지 않게 많은 비용을 사교육에 지출하면서 스트레스를 받는다. 나도 젊은 엄마 시절에 여기저기서 근거 없는 육아 교육을 권유받았다. 내가 근거 없다고 생각하는 이유는 대부분 정확한 팩트보다는 교육 콘텐츠 판매 회사의 마케팅 문구를 인용한 "~카더라"로 끝났기 때문이다. 더 나아가 이 개념이 지나쳐서 본인을 남과 비교하며 본인의 삶을 주체적으로 살지 못하고 언제나 남의 평가를 잘 받기 위한 삶을 살게 된다. 또한, 대한민국은 지형적으로 넓은 나라가 아니기 때문에 좁은 공간에 다닥다닥 붙어 산다. 그러다 보니 남의 시선에 더 많이 노출되어 있다. 엘레베이터나 출입문 입구에서 외국인들과 마주치면 그들은 먼저 들어가라고 양보를 한다. 왜 그럴까? 단지 그 사람이 매너가 좋아서? 꼭 100% 매너는 아니다. 그들은 개인의 공간을 중요하게 생각한다. 유럽이나 미국 문화에서는 친하지 않은 사람들끼리는 반경 1미터 안에 들어가지 않는다. 어느정도 적정거리를 둔다. 그래서 유럽이나 미국 버스 정류장을 보면 사람들이 서로 적정거리를 두고 서 있다. 그렇기 때문에 모르는 사람을 엘리베이터나 출입문에서 마주치면 먼저 들어가게 한 후 본인과 적정한 거리를 유지한다. 한국은 지형적 조건도 좁고 공동체 문화권이기 때문에 이런 개념이 유럽인이나 미국인들과는 다른 것 같다. 유럽인들과 미국인들이 생각하는 한국 사람들은 주로 친절하고 예의도 바르다. 하지만 서울의 지하철을 경험한 외국인들은 지하철에서 보는 한국 사람들의 행동을 보고 매우 놀란다. 지하철 안에서의 한국인들은 매우 무례하게 느껴진다. 다들 아무렇지 않게 모르는 사람과 몸을 맞대고 서 있고 좁은 지하철 역 안에서 다른 사람과 어깨를 부딪치고 밀면서 걸어가도 사과하지 않고 그냥 걸어간다. 더 놀랍다고 하는 것은 한국 사람들끼리 아무도 사과를 요구하거나 바라지도 않는다. 예외적으로 발을 밟는 등 크게 타인에게 아픔을 주는 행동을 했을 경우를 빼고는 말이다. 이런 행동들 역시 복잡하게 얽혀 있는 문화적 차이에서 온다. 단지 유럽인이나 미국인들이 매너가 좋아서도 아니고 한국 사람들이 예의가 없어서도 아니다.

⑧

식탁이 말해주는 문화의 차이

예로부터 한국인들에게 쌀은 매우 중요한 삶의 의미였다. 요즘에는 여러 가지 이유로 쌀의 소비량이 주는 것을 걱정하는 뉴스를 간간히 볼 수 있다. 하지만 내가 이 책을 쓰기 위해 공부하면서 느낀 가장 큰 것 중 하나는 쌀농사가 한국인에게 남긴 문화적 흔적과 의미다.

모든 농사일은 손이 많이 가지만 특히 쌀농사는 밀농사보다 손이 훨씬 더 많이 가서 혼자서는 결코 할 수 없는 농사다. 나의 농업 지식은 매우 얄팍하지만 일반적으로 봐도 쌀농사를 짓기 위해서는 시작부터 끝까지 공동체의 작업이다. 예전 우리 선조들은 벼농사를 위해 서로 품앗이를 하면서 농사를 지었다. 쌀농사를 짓기 위해 가장 필요한 것 중 하나가 노동력일 것이다. 돈이 아주 많은 부자는 필요한 노동력을 100% 사서 농사를 지을 수도 있었겠지만 대부분의 사람들은 품앗이로 노동력을 조달했다. 품앗이를 하기 위해 가장 중요한 것은 이웃과의 좋은 관계 유지이다. 내가 우리 동네 사람들에게 좋은 평가를 받아야 어렵지 않게 그들의 일손을 빌릴 수 있다. 그래서 평상시에 서로 음식도 나눠 먹고 함께 잘 지내는 것이 매우 중요했다. 또한 벼농사는 밀농사에 비해 물을 많이 필요로 한다. 내 논에 물을 잘 대기 위해선 산꼭대기에서 물길을 열고 닫는 사람과 관계가 틀어지면 내 벼농사는 망한다. 그래서 아무리 그 사람이 마음에 들지 않아도 직설적으로 이야기하는 것을 피하고 눈치껏 알아듣게 이야기를 해야 한다. 그렇기 때문에 가급적이면 서로 나쁜 이야기는 하지 않고 좋은 이야기만 한다. 이런 집단 문화 속에서 본인의 주장보다는 서로가 화합하는 것이 미덕이다. 그래야 내가 위급한 상황이 닥치면 이웃에게 도움을 요청하기 쉽다. 또한 우리가 아는 전통적 쌀의 용도는 밥이나 떡 두 종류다. 반면 밀농사는 쌀보다는 건조한 조건에서 재배되기 때문에 물이 벼만큼 많이 필요하지 않다. 밀가루의 용도는 빵, 파스타, 과자 등 용도와 쓰임새가 쌀보다는 다양하다. 이러한 주식의 차이가 그 나라 사람들의 문화에 영향을 주는 것 역시 매우 흥미롭다.

9

글로벌하게 성공하는 태도

이렇게 복잡하고 다양한 문화적 차이를 어떻게 내 상황에 맞게 알아차리면서 직장생활을 해야 할까? 영어로 말하고 생각하고 표현하는 것도 쉽지 않고 상사의 성격을 파악하는 것도 어렵다. 그런 마당에 문화 차이까지 걱정해야 하니 직장생활이라는 것이 쉽지 않은 것은 맞는 이야기다. 이런 복잡한 상황에 처한 나는 어떠한 행동을 하는 게 맞을지 고민해야 한다. 하지만 어떻게 생각해보면 답은 의외로 간단할 수 있다.

1. 자아인지(Self-Awareness)

요즘 사람들은 MBTI로 상대방의 성향을 먼저 인지한다. 나는 이런 유형의 사람이어서 특정 유형의 MBTI를 가진 사람과는 잘 맞고 안 맞고를 말한다. 예전에는 혈액형으로 사람들의 유형을 그룹 지었다. 하지만 MBTI는 성격이다. 서양의 문화적 특색을 이해하고 그런 문화적 특색을 잘 인지하는 것도 중요하다. 예를 들어 나는 개인주의 성향이 강한지 단체주의 성향이 강한지, 말을 직설적으로 하는지 돌려 말하는지 등등. 개개인마다 편차도 다를 것이다. 또한, 본인이 그동안 상대방을 볼 때 언짢은 제스처를 무심코 하고 있었는지 등 자신을 성찰해보는 것도 중요하다. 솔직히 매시간마다 이런 생각을 하면서 살기는 불가능하다. 또 외국인 상사나 동료에게 선뜻 물어보는 것도 쉽지 않다. 또한, 너무 의식하고 있으면 더욱 말을 못 하는 상황으로 갈 수 있다. 그러면 어떻게 하는 것이 좋을까?

첫 번째로 본인 업무 스킬에 대한 인지가 매우 중요하다. 가끔 어떤 직원들은 본인이 할 수 있는 능력의 업무보다 훨씬 큰 업무를 맡아서 하다가 실수를 연발하는 경우도 있다. 물론 우리가 어려서 공부하듯이 본인 실력보다 0.5단계 위의 업무를 해보면서 배우는 것도 매우 중요하고 가치 있는 일이다. 하지만 본인 업무 스킬의 장단점이나 레벨을 모르고 무턱대고 도전을 위한 도전을 하는 것은 어리석은 일이다. 그전에 먼저 본인이 업무에 필요한 스킬을 충분히 가지고 있는지 살펴보길 바란다. 예를 들어 본인이 하는 업무에 파워포인트나 엑셀을 요구하는 업무가 많은데 아직도 주위 동료들의 도움을 많이 받거나 자신이 없으면 그것부터 향상시키기 바란다.

두 번째 본인이 5년 뒤 무엇을 하고 싶은지 생각해보고 본인 커리어의 블루 프린트를 그리기 바란다. 물론 상황에 따라 블루 프린트는 바뀔 수 있다. 유연하게 생각해라. 사람 인생이 어떻게 흘러갈지 아무도 모른다. 하지만 그건 그때 가서 고민해도 된다. 일단 5년 뒤 내가 원하는 나를 만나려면 명확하게 내가 무엇을 해야 하고 뭐가 필요한지 본인이 판단하기 바란다. 글로벌 기업은 학원과 달리 레벨 테스트를 보지 않고 회사가 마음대로 완전히 다른 업무나 부서로 발령 내지 않는다. 본인이 지금 하고 있는 업무와 완전 다른 업무나 부서로 가고 싶으면 회사의 시스템에 맞게 요청하거나 상사와 상의 후 발령을 받아야 한다. 일일 드라마에서 보는 것처럼 뜬금없는 인사발령은 하지 않는다. 만일 그런 일이 본인에게 있었으면 본인 상사나 인사부에 상담 신청을 해보길 바란다. 내가 나 자신이 원하는 것을 명확히 알고 준비한 후, 나의 역량을 필요로 하는 기회가 오면 과감히 손들고 나서 보자. 이런 이야기를 1:1 미팅이나 인사평가

시 상사에게 미리 이야기해놓으면 좋은 기회가 나에게 좀 더 쉽게 올 수 있다. 꾸준히 본인의 상황과 계획을 회사와 커뮤니케이션하는 것이 좋다.

앞에서 이야기했듯이 나도 본인을 높게 평가하는 직원을 매년 연말평가 때마다 만난다. 때로는 일을 정말 잘하는 직원이 그럴 때도 있고 정반대인 경우도 있다. 그럴 때마다 그런 직원들에게 좀 더 본인에 대해 객관적으로 바라보길 권유하고 항목마다 같이 객관화하는 것을 도와준 적도 있다. 그렇게 하는 이유는 그 직원의 진정한 성장을 위해서다. 상사 입장에서 가장 쉬운 것은 직원이 원하는 대로 해주거나 상사 생각을 일방적으로 커뮤니케이션하는 것이다. 그렇게 되면 본인의 월급보다 카드값을 더 쓰는 격인 것이다. 쓸 때는 기분 좋지만 나중에 갚으려면 힘든 상황에 놓인다. 커리어도 마찬가지다. 본인 능력을 모른 채 자신의 능력 이상의 일을 맡아서 하다가 어렵게 잡은 기회를 자칫 망칠 수 있기 때문이다.

사람은 남이 시켜서 하는 일보다 내가 좋아서 하는 일에 대해서는 더 욕심이 나고 만족감도 높다. 아무리 조직 생활이라도 그 안에서 나의 만족도를 찾아가는 것은 나의 몫이다. 그런 재미에 빠지면 출근이 그렇게 고통스럽지 않다. 그렇기 때문에 나의 커리어를 어떻게 발전시켜 나가야 할지에 대한 고민도 온전히 나의 몫이다. 회사를 다니는 동안에는 그저 회사와 서로 도움을 주고받는 관계일 뿐이다. 우리 부모 세대와는 달리 요즘은 평생직장이라는 개념이 점점 사라지고 있다. 글로벌 기업 역시 평생직장으로 다니기 어렵다. 회사는 그때그때 처한 상황에 따라 직원들의 능력과 무관하게 지속적인 변화를 준다. 특히 요즘처럼 AI가 발달해나가는 속도를 보면 앞으로 10년 뒤에는 어떻게 변화되어 있을지 아무도 모른다. 이런 시대에서 주도적으로 본인의 커리어를 운전해나가길 바란다. 그러려면 자아를 먼저 인지하고 커리어의 블루 프린트를 그려서 실행하길 바란다.

하루 업무가 끝나고 퇴근하는 전철이나 버스 안에서 그날에 있었던 일을 한번 생각해보자. 오늘 본인의 미팅 참여도가 어떠했는지, 본인의 생각을 주도적으로 이야기했는지, 필요 이상의 시간을 동료와 커피 마시면서 보냈는지 등등. 다음 날 어떻게 다르게 접근해볼 건지 생각하면서 하루하루 조금씩 시도하면 된다. 자아의식 없이 그냥 모두가 하니까 나도 한다는 식의 방식은 좋지 않다. 먼저 본인을 냉정히 평가해보고 부족한 면은 상사와 1:1 미팅을 할 때 이야기하면서 방법을 찾아가기를 바란다. 받은 피드백을 바탕으로 조금씩 개선하는 모습을 보여주면 회식 때 상사를 위해 노래방에 가서 그의 흥을 돋워주는 것보다 훨씬 높은 신뢰를 쌓을 수 있다. 예전에 두 명의 젊은 사원이 있었다. 둘 다 나와 1:1 미팅을 하면서 본인 커리어 블루 프린트에 대한 이야기를 나눴다. 두 명 모두 출발점은 같았다. 매우 젊은 사원들이었고 둘 다 회사가 시키는 대로 하겠다는 마인드였다. 난 두 명 모두에게 본인이 정말 무엇을 하고 싶은지 고민해보라고 이야기했다. 한 명은 다음번 1:1 미팅 때 난생 처음 이런 이야기를 들어봤고 고민도 해보았다고 이야기하면서 본인의 생각을 매우 꼼꼼히 이야기했다. 그 후, 그 직원은 본인이 그린 블루 프린트대로 조금씩 본인의 커리어를 만들어나가기 시작했고 현재 다른 브랜드로 이직하면서 승진도 했다. 그는 현재 옮겨간 직장에서도 그의 블루 프린트대로 그의 길을 가고 있다. 그 직원은 나에게 감사해 하지만 난 그저 상사로서 내가 할 일을 했을 뿐이다. 반면 다른 직원은 내가 퇴사할 때까지도 고민해봤다는 이야기를 들은 적이 없다. 그 직원은 아직도 그 자리에서 같은 일을 하고 있다.

상사에 따라 다르지만 상사가 주는 피드백을 무턱대고 다 받아들이는 것도 추천하지는 않는다. 왜냐면 상황에 따라 상사는 바뀔 수 있다. 상사들도 사람인지라 나와 추구하는 방향도 다르고 성향도 다를 수 있다. 상사의 피드백을 생각 없이 무턱대고 따르다 보면 그 상사가 다른 곳으로 자리를 옮겼을 때 길 잃은 한 마리의 양이 되어버릴 수도 있다. 그렇기 때문에 상사의 피드백을 고민해보고 나의 생각과 다르다면 동의하지 않는다는 이야기를 하는 것을 두려워하지 말자. 오히려 알겠다고 해놓고 아무런 반응을 보이지 않는 게 더 위험하다. 본인이 생각했을 때 상사의 이야기가 틀리다고 생각하면 꼭 어필하길 바란다. 그들도 인간이기 때문에 그들의 의견이 100% 옳지 않을 수도 있고 왜곡되었을 수도 있다. 본인이 생각했을 때 받아들이기 어렵거나 틀렸다고 생각하면 꼭 어필하되 감정적으로 말하지 말고 논리와 근거를 가지고 어필하길 바란다. 상사 역시 감정적으로 직원의 피드백을 받아서는 안 된다. 둘 중 하나라도 감정적으로 반응하는 순간, 더 이상 상대방과 이야기하기 어려워질 것이다. 예를 들어, 이런 상사가 있다. 나는 영어로 말하려면 조금 생각하는 시간이 필요한데 내 상사가 성격이 급해서 기다려주지 못할 때가 있다. 그러면서 나에게 참여도가 낮고 의견이 없다고 이야기했다고 가정하자. 이런 상황을 겪는 한국인들이 의외로 많을 것이다. 이럴 때는 또박또박 천천히 상사에게 요구해야 한다. "나는 영어를 하려면 워밍업이 필요하기 때문에 내가 천천히 이야기할 수 있게 30초 정도 기다려 줬으면 좋겠습니다. 나도 내 의견을 충분히 이야기하고 싶지만 언제나 당신이 말을 끊는 바람에 그동안 안타까웠습니다. 나에게 시간을 충분히 주시면 나도 내가 하고 싶은 이야기를 다 할 수 있을 것 같습니다."라는 의견을 보이면 당신 상사도 아마 한 발자국 물러날 것이다.

2 인식의 변화

글로벌 기업에서 성공하고 싶으면 내가 변해야 한다. 여기는 내 나라 대한민국이고 나는 이렇게 평생을 살아왔으니 내 방식대로 살겠다는 조선 시대 마음가짐은 글로벌 회사와 맞지 않은 생각이다. 나도 오랜 시간 동안 다양한 경험을 하면서 외국인들과 함께 공생하는 법을 익혔다. 그러한 시간이 흐르고 쌓여서 어제와 다른 나를 만났다. 나 자신이 외국계 조직 안에서 성공하기 위해서는 변화해야 한다. 아무리 오랜 세월 동안 한국에서 한국식으로 살아 왔더라도 미팅 시 본인 생각을 다른 나라 사람들과 함께 토론하고 공유할 수 있게 변화해야 한다. 꼭 기억해야 하는 것은 미팅 시, 각자의 생각을 공유하는 동시에 내 상사뿐만 아니라 팀의 모든 사람들의 생각을 듣고 배워나간다는 마음을 가져야 한다. 그 이유는 각각의 사람들이 가진 능력이 다르고 장단점이 다르기 때문이다. 다양한 능력을 가진 사람들이 함께 만들어내는 아이디어나 해결책은 혼자 고민하는 것보다 여러모로 견고할 것이다. 한국 사람들은 책임감이 강해서 혼자 모든 것을 해결하고 완벽하게 처리하려고 많은 시간을 투자하는 반면, 스트레스 또한 엄청나게 받는다. 하지만 나 자신을 먼저 알고 서로의 지식을 팀원들과 공유하면 지금보다 더 훌륭한 성과를 낼 수 있다. 대부분 문제 해결의 실마리를 찾는 것은 문제를 바라보는 시야를 약간 다르게 보면 찾아낼 수 있다. 그럴 때는 한 사람의 시각보다는 여러 명의 시각이 모이면 훨씬 빨리 찾아낼 수 있다.

한국에 있는 글로벌 회사 대부분의 직원은 한국 사람이다. 그렇기 때문에 우리의 관습을 완전히 버릴 수는 없다. 개개인의 성향과 성격에 따라서 한국적인 관습 역시 많이 섞여 있을 수 있다. 특히 한국에서 외부 업체나 고객을 상대할 때는 유럽식이나 미국식으로 한다면 매우 난처한 상황에 빠질 것이다. 또한 회사에 연령층이 다양하기 때문에 상대에 따라 수위를 조절하거나 어떻게 행동해야 할지는 눈치껏 행동하길 바란다. 또한, 어느 정도 문화의 다름을 이해하고 인지했으면 외국인 동료들과 한국인 동료들 사이에서 다리 역할을 해주길 바란다. 문화적인 차이에서 오는 불편한 상황에서 중재자 역할을 자처하여 불편한 상황을 극복할 수 있게 도와주는 것이 글로벌 기업이 원하는 인재이다. 그러면 당신은 많은 사람이 못 갖고 있는 문화적 앰버서더로 회사에서 높은 평가를 받을 것이다. 글로벌 기업에서는 당연히 다양한 문화적 인지능력을 가진 사람에게 좀 더 많고 다양한 기회가 주어질 수 있다. 그런 사람은 어느 문화권에 가도 잘 화합하여 일할 수 있기 때문이다. 이것이 한국 문화가 전통

적으로 추구하는 철학적 가치 즉, '하모니' 즉, '화합'을 이루어내는 방법

이지 않을까 생각한다.

참고 문헌

- 상식과 교양으로 읽는 유럽의 역사, 만프레트 마이 지음, 웅진 지식하우스, 2008.06.09
- 비즈니스를 위한 역사 상식, 박영수 지음, 추수밭, 2010. 03.07
- The Culture Map, Erin Meyer, 2016.01.21
- 한 권으로 읽는 동양 철학사 산책, 강성률 지음, 평단, 2009.09.25
- 세계 최고의 교육법, 류선정, 나승빈, 김봉선, 정수정, 김성한, 김은혜, 최세용, 문보현, 김숙이 지음, 이마
- 글로벌 비즈니스를 위한 문화 간 커뮤니케이션, 엘리자베스 A. 툴레자, 커뮤니케이션북스, 2022.05.13
- A Developmental approach to training for intercultrual senstivity. International Journal of Intercultural Relations, M.J. Bennett, 1986
- Becoming Interculturally competent, In J. Wurzel (Ed.), Toward Multiculturalism: A reader in Multicultural education. Newton, MA: Intercultrual Resource Corporation. M.J. Bennett, 2004
- Socrates, Internet encyclopedia of philosophy. JM Ambury, 2016